学科教学与创新素养教育

李 伟 古永胡 / 著

吉林教育出版社

图书在版编目（CIP）数据

学科教学与创新素养教育 / 李伟，古永胡著. — 长春：吉林教育出版社，2021.10

ISBN 978-7-5734-0163-2

Ⅰ.①学… Ⅱ.①李… ②古… Ⅲ.①课程—教学研究—初中 Ⅳ.①G633

中国版本图书馆CIP数据核字（2021）第195792号

学科教学与创新素养教育　　　　　　　　　　李　伟　古永胡　著

责任编辑　尹曾花　　　　　　　　　　　　　　**装帧设计**　言之凿

出版　吉林教育出版社（长春市同志街1991号　　　邮编　130021）

发行　吉林教育出版社

印刷　北京政采印刷服务有限公司

开本　787毫米×1092毫米　1/16　**印张**　16　　**字数**　288千字

版次　2022年4月第1版　　**印次**　2022年4月第1次印刷

书号　ISBN 978-7-5734-0163-2

定价　45.00元

前　言

　　创新是人的本质特征。创新教育中的"创新"，是指通过对学生施以教育和影响，使其作为独立的个体，充分发挥其主观能动性，能够善于发现和认识有意义的新知识、新思想、新事物、新方法。它的最终目标是培养高素质的创新人才。关注学生可持续发展，培养学生的创新精神和实践能力，已成为课程改革的重点。更新教育教学观念，改革课堂教学方法，已成为大家的共识。新一轮的课程改革，是以全面推进素质教育、发展学生核心素养为教育宗旨的，这需要转变观念，解放思想；需要改变学生的学习方式；需要淡化学科界限；需要自主选择合适的教育载体，为学生的发展和未来服务，为终身学习服务。创新精神和实践能力的培养过程，对于中小学生的成长来说，本身就是一个社会化的过程，学生创新精神和实践能力的培养也是素质教育的一个重要的实施过程。

　　我国正处于建设创新型国家和构建和谐社会发展阶段，也处于社会各方矛盾的凸显期和磨合期。新时期拔尖创新人才的价值观正面临新的机遇和挑战，探索社会主义核心价值体系的引领作用，即以社会主义核心价值体系引领社会思潮、引领拔尖创新人才价值观转型，是当前拔尖创新人才培养的头等大事，是夯实新时期拔尖创新人才共同思想基础的重大战略任务，更是事关创新型国家与和谐社会建设兴衰成败的关键。

　　当前，在价值观主题上，创新人才自我价值实现意识普遍增强，为了使自己能够适应日益激烈的竞争环境，许多人都把目光放在全面提高自身素质和深挖自身潜能上，他们的成才意识、竞争意识明显增强。然而他们的价值观一方面受中国传统的价值理念的影响，另一方面在改革开放中受到了西方自由主义、消费主义等的影响，因而其价值观的判断与选择表现出混乱和迷茫，导致大部分人的实际行动过于盲从或与他们的价值理念并不一致。创新人才的这一特点尤为明显，他们既易于接受新生事物和思想，又具有开拓的能力。当面对现实问题需要做出价值判断和选择时，他们却缺乏稳定的价值观支持，更多的是从个人的情感和自身利益的角度做出选择，表现出个人本位、追求实用的倾向。创新人才的价值观表现出了拼搏进取的一面，同时也有明显的困惑和矛盾性。因此，对拔尖创新人才的价值观培养和塑造已经成为创新人才培养的当务之急。

长期以来，受应试教育影响，"重智轻德"现象在基础教育阶段成为不争的事实。对青少年创新人才培养，普遍重视创新实践能力的培养，而对青少年创新人才思想品德素质的核心素养培养，尤其是如何推进基于青少年创新人才培养的社会主义核心价值观教育，是深入推进青少年创新人才培养面临的重要课题。

我校在"十二五"期间，以国家教育资源公共服务平台、宁夏教育资源公共服务平台（宁夏教育云）为依托，有效应用其管理功能、互动功能、教育资源功能，通过教育资源班班通、网络空间人人通，推动学校教育信息化应用建设，从而形成具有本校特色的信息化教育管理网络系统。以"激趣导学，六环轮动"高效课堂的教学模式为载体，充分利用国家和宁夏的教育资源公众服务平台与管理平台优质资源及先进技术，整合现有资源，构建先进、高效、实用的创新教育基础设施，推进智慧校园建设。建立"互联网+创新教育智慧校园"的教育机制，引导学生走进科学、了解科学，激发学生的科学探究兴趣，培养科学态度、科学素养，逐步养成探索科学、热爱科学的精神，促进青少年创新人才健康茁壮成长，为进一步深入推进青少年创新人才的培养奠定坚实的基础。

目 录

第一章

创新教育和教育创新的内涵

创新教育就是以培养人们创新精神和创新能力为基本价值取向的教育。其核心是在普及九年义务教育的基础上，在全面实施素质教育的过程中，在"互联网＋教育"大环境下，着重研究与解决在基础教育领域如何培养中小学生的创新意识、创新精神和创新能力的问题。

第一节 创新教育与创造教育、素质教育的关系

一、创新教育与创造教育的关系

创新教育与创造教育既有区别又有联系。创新教育是在"互联网+教育"大环境下提出来的。创新教育不仅是教育方法的改革与教育内容的增减，而且是对教育功能的重新定位，是带有全局性、结构性的教育革新和教育发展的价值追求，是新的时代背景下教育发展的方向。尽管我们研究的定位是培养中小学生的创新精神和创新能力，但实际上将带来的是教育全方位的创新。我们强调，创新教育的重点不仅是在操作层面上搞小发明、小制作，或在学科教学中仅仅培养发散思维能力就可以了。这些在创新教育中仍然不可或缺，但除了考虑这些操作层面上的问题外，更要考虑适宜创新人才成长的"土壤"——良好的环境，这比什么都重要。这符合马克思主义的基本原理，环境对人的影响是特别巨大的，尤其是对青少年的影响更是巨大的。所以，我们能否接过创造教育的旗帜搞创新教育呢？答案是否定的，因为时代不同了。创新教育与过去的创造教育固然有继承关系，但绝不是沿袭过去的东西。当然两者也并不矛盾，它们在很多方面，尤其在基础方面是相通的。创新教育是创造教育在新的历史条件下的发展和升华。我们不能割裂传统，不过，在这些问题上我们不搞争论、论战，把时间和精力花在名词术语的争论上没有意义。

二、创新教育与素质教育的关系

对于许多中小学教师来说，"素质教育"一词可谓耳濡目染，而对什么

是"创新教育"以及创新教育与素质教育的关系，却未必十分清楚，更不用说主动运用创新教育的理论去指导教学实践。创新教育是指以培养人的创新精神和实践能力为基本价值取向的教育实践，其核心是在全面实施素质教育的进程中，为了应对知识经济时代的挑战，着重研究和解决如何培养学生的创新意识、创新精神、创新思维、创新能力等创新素质问题。不是创新教育离开素质教育另起炉灶，另搞一套，而是素质教育要以培养学生的创新精神和实践能力为重点。有人说，创新教育把素质教育推向了一个新的台阶，创新教育是素质教育的灵魂、核心，创新教育为实施素质教育、深化素质教育找到了一个"抓手"。近些年的素质教育实施仅仅停留在搞活动，发展音、体、美上，但这是远远不够的。现在创新教育抓住了素质教育的一个核心内容，可以成为"抓手"，况且创新精神和创新能力便于细化，可以操作，用它可以带动素质教育的方方面面。一是创新是关系国家前途命运的关键问题；二是素质教育要提高全民族的素质，提高全民族的创新能力，它同创新教育追求的目标是一致的；三是实施素质教育必须在一系列问题上进行创新，包括教育观念、教育思想、教育制度、教育内容、教育方法都要创新。如果不创新，还是沿袭旧的那一套，素质教育就很难实施。所以，不管是从时代的发展、现代化的需要、教育改革的需要、党和国家领导人的倡导来看，还是从素质教育追求的目标来看，创新教育是为了使素质教育能够真正得到贯彻实施。

因此，创新教育是素质教育的一个重要组成部分，也是实施素质教育的切入点。在实际教学中就必须坚持素质教育的一个基本准则，即面向全体学生，全面提高学生的整体素质和以学生为主体，倡导个性化发展。

所谓创新教育就是使整个教育过程被赋予人类创新活动的特征，并以此为教育基础，达到以培养创新人才和实现人的全面发展为目的的教育。所谓创新人才，应该包括创新精神和创新能力两个相关层面。其中，创新精神主要由创新意识和创新品质构成。创新能力则包括人的创新感知能力、创新思维能力、创新想象能力。从两者的关系看，创新精神是影响创新能力生成和发展的重要内在因素和主观条件，而创新能力的提高则是丰富创新精神的最有利的理性支持。

实施创新教育就是要从培养创新精神入手，以提高创新能力为核心，带动学生整体素质的自主构建和协调发展。而创新精神和能力不是天生的，它虽然受遗传因素的影响，但主要在于后天的培养和教育。创新教育的过程，不是受教育者消极被动地被塑造的过程，而是充分发挥其主体性、主动性，使教学过程成为受教育者不断认识、追求探索和完善自身的过程，亦即培养受教育者独立学习、大胆探索、勇于创新能力的过程。因此，在教学过程中要致力于培养学生的创新意识、创新能力及实践能力。

第二节 创新教育的定位

一、创新教育的认识定位

创新教育的定位可以是多维度的，其中认识定位就是一个十分重要的方面。在创新教育的认识上，教育实践界存在许多误区，澄清这些模糊认识对学校创新教育实践有极为重要的意义。

创新只是少数天才学生的事。许多教师认为创新是人的高级智慧，非一般学生所能拥有。其实，创新是人的本性，人人都具有创新的潜能与倾向；创新是人生存的需要，存在于人的日常生活中。问题的关键是我们后天的教育是否尊重、保护并培育了这种潜能，激发、促进并满足了这种需要。《学会生存》曾指出："教育既有培养创造精神的力量，也有压抑创造精神的力量。"人的创新精神与能力不完全是由先天因素决定的，后天的教育因素也是重要的决定力量。所以，创新教育应具有全体性，应面向每一个学生。

创新只是自然科学的事。许多人以为创新就是科学发现、技术发明，只有科学教育才能培养人的创新精神与能力。实际上，不仅自然科学需要创新，社会科学与人文科学同样需要创新，特别是在科学技术的负效应日益凸显的今天，科技创新与人文创新更应平衡发展，使未来社会既是高智力的，又是高情感的。不仅如此，即便是自然科学创新也离不开社会和人文思维方式的支持。譬如，长沙市第九中学谭迪敖老师的"哲理诗训练"，既是一种人文创新训练，同时又支撑了科学创新精神。所以，创新教育应具有全域性，面向每一门学科。

创新只是课外活动的事。也有许多教师认为，课堂教学的任务就是传授知识，发展知识是课外活动的事。实际上，这种区分是人为地割裂了传承与创新之间的内在联系。创新是整个教育模式、教育制度和教育观念的全局性改变，并不是局部的增减和修改，它应贯穿于课堂教学、课外活动和日常教育生活等方方面面，成为全部现代教育的精神特质，局部性的教育创新不可能是真正意义上的创新教育。其中，课堂教学是创新教育的主渠道，也是学校教育改革的重点。所以，创新教育还具有全面性，是教育系统的整体性改造。

创新只是智力活动的事。还有一些人认为，创新是一个人的智力表现，高智力必然会有高创新。这也是一种错误认识。创新不仅是一种智力特征，更重要的还是一种人格特征或个性特征，是一个人综合素质的凝结性表现，是一个人的自我超越和自我发展，是一个人潜能和价值的充分实现。在人的智力水平相当或恒定的情况下，非智力因素往往起着决定性的作用，许多有创新精神的人并非智力超群，而是非智力的人格特征出众。单纯的智力活动只能培养匠人，而不可能培养大师。所以，创新教育还具有综合性，是个体生命质量的全面提升。

创新只有正面的效果。几乎所有的人都认为，创新是"正面的""好的"事情，人们可以尽情地去追求。殊不知，创新是一把"双刃剑"，它既可以成为天使，也可以成为魔鬼；既可以为人类造福，也可以使人类罹难。现代社会的高级犯罪有哪一宗不是创新的结果呢？创新只是工具，并不是方向本身，创新还不能单独成为目的，创新教育也不能代替现代教育的全部，它必须与道德教育整合，培养人的同情心和责任感，把人的创新精神与创新能力引导到为人类造福的方向上来。所以，创新教育具有双重性，现代教育必须致力于相互整合，兴利去弊。

二、创新教育的目标定位

基础教育是为个体升入上一级学校、自身素质持续发展以及今后走向社会做准备的教育，基础教育阶段的创新教育也要为学生未来的持续性创新打基础。那么，具有深厚基础性和广泛迁移性的创新品质究竟包括哪些内容呢？这也是创新教育定位应予以优先回答的问题。概括地说，为持续的创新打基础主要包括两大方面：一是打创新精神基础，二是打创新能力基础。

创新精神是创新人格特征，是主体创新的内部态度与心向，它包括创新意识、创新情感和创新意志三大方面。

1. 创新意识

创新意识是个体追求新知的内部心理倾向，这种倾向一旦稳定化，就成为个体的精神与文化。经验性的研究表明，具有创新意识的人往往是不满足于现实，有强烈的批判态度；不满足于自己，有持续的超越精神；不满足于以往，有积极的反思能力；不满足于成绩，有旺盛的开拓进取精神；不怕困难，有冒险献身的精神；不怕变化，有探索求真的精神；不怕挑战，有竞争合作的精神；有强烈的好奇心、旺盛的求知欲、丰富的想象力和广泛的兴趣等。这些品质都是基础教育应重点予以关注的。

2. 创新情感

创新情感是个体追求新知的内部心理体验，这种体验不断强化，就会转化为个体的动机与理想。经验性研究也表明，有创新情感的人往往情感细腻丰富，外界微小的变化都能引起他们强烈的内心体验；人生态度乐观、豁达、宽容，能比较长时间地保持平和、松弛的心态；学习和工作态度认真、严肃，一丝不苟，有强烈的成就感，工作的条理性强；对世间的所有生命都有同情心和责任感，愿意为改善他们的生存状态而尽心尽力等。这些也是基础教育应予以优先关注的。

3. 创新意志

创新意志是个体追求新知的自觉能动状态，这种状态持久保持，就会成为个体的习惯与性格。经验性的研究表明，有创新意志的人常常是能排除外界的各种干扰，长时间地专注于自己的活动；工作勤奋，行为果断，对自我要求较高，对工作要求较严；善于沟通与协调，组织能力强，有较强的灵活性，为达到目的愿意变换工作的途径和方法；有较强的独立性和自制力，在没有充分的证据和理由之前，不轻易放弃自己的主张，能容忍别人的观点甚至错误等。这些品质在基础教育阶段也应形成。

创新能力是创新的智慧特征，是主体创新的活动水平与技巧，它包括创新思维和创新活动两大方面。

（1）创新思维。创新思维是个体在观念层面新颖、独特、灵活的问题解决方式，创新思维是创新实践的前提与基础。经验性的研究表明，具有创新思维的人常常感受敏锐，思维灵活，能发现常人视而不见的问题，并能多角度地寻求解决办法；理解深刻，认识新颖，能洞察事物本质并能进行开创性的思考；

思维辩证，实事求是，能合理运用发散与聚合、逻辑与直觉、正向与逆向等思维方式，不走极端，能把握事物的中间状态等。这些品质是基础教育阶段思维训练的重点。

（2）创新活动。创新活动是个体在实践层面新颖、独特、灵活的问题解决方式，创新活动是创新思维的发展与归宿，经不起实践检验的思维是无价值的。经验性的研究也表明，具有创新活动能力的人常常实践活动经历丰富或人生经历坎坷，经受过大量实践问题的考验；乐于动手设计与制作，有把想法或理论变成现实的强烈愿望；不受现成的框框束缚，不断尝试错误、不断反思、不断纠正；愿意参加形式多样的活动，乐于求新、求奇，乐于创造新鲜事物等。这些也是基础教育应给予考虑的创新素质目标。

第三节　创新教育的思想内涵

一、作为一种思想和观念的创新教育

要准确把握创新思想的内涵，首先应了解创新概念的含义。

美国社会学家阿力克斯·英克尔斯认为，了解概念的本质可以有三条主要途径：历史的途径、经验主义的途径和分析的途径。

1. 历史的途径

历史的途径，即创始人说了些什么。美国经济学家熊彼特在1912年的《经济发展理论》中首次从经济学角度提出了"创新理论"，其核心概念是"创新""新组合""发展""企业家"。他从"静态"和"动态"两个视角对上述概念进行了考察，他认为静态的经济生产过程不存在变动，没有发展，企业总收入等于总创新，指事物内部结构的革新，创新过程是指通过外部的作用促使内部要素发生新的组合。作为创新人才的"企业家"应该具有创新精神、创新意志，能够体验到创新的欢乐。

2. 经验主义的途径

经验主义的途径，即当代人在做些什么。当代人讨论创新大致有以下四个方面：

（1）着眼于思想的启示。中共中央、国务院《关于深化教育改革和全面推进素质教育的决定》中明确指出，素质教育"以培养学生的创新精神和实践能力为重点""激发学生独立思考和创新的意识""培养学生的科学精神和创新思维习惯"。中央领导人在不同的场合数次发表了对创新作用的论述，"创新是一个民族进步的灵魂，是国家兴旺发达的不竭的动力……一个没有创新能力的民族，难以屹立于世界民族之林"；"科技的发展、知识的创新，越来越决定着一个国家、一个民族的发展进程"。"创新根本的一条就是要靠教育、靠人才"。

（2）着眼于知识经济的视角。戴布拉·艾米顿将创新的概念定义为"为了企业的卓越，国家经济的繁荣昌盛，以及整个社会的进步，创造、发展、交流和应用新的想法，使之转化为市场适销的商品与服务的活动"。其出发点是，创新是一个价值系统，其核心是把思想推向市场，其过程即把理论推向实践。"我们生活在这样一个世界，在这个世界里，新思想的应用可能是最主要的竞争优势"，"成功的关键因素不仅仅是新想法的数量，而更重要的是这些想法的实现"。

（3）着眼于环境的视角。罗马俱乐部着眼于应付环境的危机和人类自身的发展，于1979年发表了一项研究报告《回答未来的挑战》，报告中提出消除这种差距的方案在于：推进新的学习观——创新性学习，即从目前立足于获得已有的知识、经验，以提高解决当前已经发生问题能力的维持性学习，转向通过学习提高一个人发现、吸收新信息和提出新问题的能力，以迎接处理好社会日新月异发生的变化和创新性学习。

（4）着眼于创新方法与创新体系的研究。联合国教科文组织于1998年10月5日至9日在巴黎总部举行主题为"21世纪的高等教育：展望与行动"的大会。这次大会的主题之一提出了新的创新教育方法：批判性思维和创造力。它从四个方面提出了建议：第一，高等教育要以与社区和社会各部门之间的新型伙伴关系重新审视和安排高等教育的内容、方法和授课方式；第二，要有以学生为中心的新视角和新模式，使学生能够以批判精神思考和分析社会问题，寻求解决的办法；第三，重新设置课程，立足学生获得技能、才干和交往的能力；第四，采用新教材，应不仅能增强记忆力，还能增强理解力、实际工作技能和创造力。

从以上论述可以看出，现今人们并未形成关于创新或创新教育的统一认识，有关创新的观点的讨论还处于描述性阶段。

3. 分析的途径

分析的途径，即理性的指示是什么。从理性上来分析，首先必须厘清创新与创造概念之间的关系。目前已有的研究大致可以分为两类：①等同关系，将创新等同于创造，认为它们都是通过革新、发明，产生出新的思想、技术和产品，在本质上它们没有什么区别；②包含关系，认为创造教育内含于创新教育。林崇德先生就明确指出："创造性最重要的表征是创新，因为创新是知识价值的核心，越是高创新的知识，其价值也就越高。"我们认为，把握一词的准确含义应该包括两个方面，即从词源学的角度和实践的角度。从词源学角度分析可以让我们准确把握词的本原意义，但是随着时代的变迁和社会的发展，词义也会发生变化，因此只有结合时代的特征与实践才能最终掌握词的准确内涵。根据《辞海》的解释，"创"意为"首创"，而"创造"则是指"首创前所未有的事物"。

"创新"既有革新、创新之意，也指新观念、新方法、新发明。从词源学的角度比较分析，创造指创造前所未有的事物，强调的是首创性；而创新既含有在现实的条件下或物质基础上通过内部的革新创造出新的事物，也可以指精神上的创意，如新方法、新手段等。从时代特征和实践意义上分析，创造较多地指实践中的发明创造，它的产品既可能满足现实的需求，也可能不合时宜。但创新的立足点在于"新"，它是一种通过改造现实，满足时代需求的创造，具有时代的特征。因此，"创新并不等同于创造，创新的概念包含着创造而不是相反。人们通常所说的创造，属于最高层次的创新"。

以上对创造与创新概念的辨析与分析，可以使我们很好地理解创造教育与创新教育。创造教育的核心是培养学生的创造力，而创新教育不仅在于培养学生的创造力，还在于有意识地培养学生的创新精神、创新观念、创新意识和创新态度。因此，我们认为创新教育是以培养人的创造能力为核心，以培养人的创新精神和创新能力为基本的价值取向，着重培养学生的创新意识、创新观念和创新态度的一种教育。

二、作为一个教育原则的创新教育

教育原则是教育教学过程中必须遵循的基本要求和准则，它贯穿于教育教学工作的各个方面。"教有法，但无定法"，这里前一个法就是指教育中的规律和原则，教育教学活动必须坚持和遵循教育规律和原则。教育原则是教育思想的浓缩和凝结，是对教育思想的归纳和概括。如从夸美纽斯的教育应适应自然的教育思想中人们概括出直观性原则、循序渐进原则；德国教育家第斯多惠从其师范教育的思想中提炼出教学的教育性原则；活动性原则与杜威"教育即生长""教育即生活""教育即经验的不断的改造"思想密不可分；孔子因人施教的思想凝结成因材施教原则等。在全球化过程中，为迎接知识经济的挑战，教育必须做出新的选择。教育"是知识创新、传播和应用的主要基地，也是培养创新精神和创新人才的摇篮"，因此，教育必须树立创新原则。

作为一种教育原则的创新教育在不同的教育层次上有不同的要求。高等教育机构既是人才培养的基地，也是知识的产生与技术创新的场所，创新教育更多地表现为培养学生的知识转化能力和创造新知的能力。但在基础教育阶段，创新教育的目的不在于使学生发明创造出多少新的事物，而在于通过有效的教育教学途径培养学生的创新意识、创新观念和创新态度，塑造他们的创造才能。因此，作为一种原则，创新教育是指学校的教育教学的工作必须以培养学生的创造能力为核心，通过积极的管理和有效的教学，更新学生的创新观念和态度，培养学生的创新精神和创新能力，归结为一点就是"为创新而教"。

每一种新思想的提出都是对过去思想的扬弃。知识经济时代的创新教育就是对传统教育的扬弃。法国教育家斯普朗格说"教育绝非单纯的文化传递，教育之为教育，正在于它是一个人格心灵的唤醒，这是教育的核心所在"。培养学生的创新精神、更新学生的创新观念、塑造他们的创造才能正在于通过教育的作用唤醒学生沉睡的心灵。贯彻创新教育的原则就是要实施教育创新。具体应包括如下几个方面：

（1）更新教育思想和教育观念，赋予学生真正的平等的地位。只有在平等的地位上，学生才敢质疑教师的权威，提出富有创新意义的观点，锻炼自己的创新能力。

（2）改革学校的管理系统。传统的管理方法的特色在于"管"，目的在于培养学生服从的个性，创新教育则要求解放学生的个性，实行开放式的管理，形成宽松和谐的氛围以利于创新人才的脱颖而出。陶行知在《创造的儿童教育》中提出了实行儿童创造力六大解放的主张。一是解放儿童的头脑，即应该更新学生的观念；二是解放儿童的双手，即应该培养学生的动手能力，提供学生实际锻炼的机会；三是解放儿童的嘴，即应该允许学生提问和质疑，提问是学生创意思维的源泉；四是解放儿童的空间，即不要将儿童局限在课堂中，而要充分利用学校、社会和其他教育机构的教育设施提供学生丰富多彩的生活，让儿童在自由的空间里掌握知识；五是解放儿童的时间，儿童大多数时间用在应付教师的作业和学校的考试上，缺乏思考的时间，减轻学生的负担就是将学生从无效的时间中解脱出来，使学生有充裕的时间思考问题，发挥他的创造力；六是解放儿童的眼睛，即培养学生的观察力，教师要充分运用现代化教育技术，结合直观教学原则，一步步培养学生良好的观察能力。陶先生的创造教育的观点是对传统教学的呐喊，也是对今天创新教育的要求。

（3）改革传统的课程设计。为迎接世界知识综合化的趋势，培养本国创新型人才，国外中小学课程的设计注重培养学生独立活动能力和创造能力，实行了必修课与选修课结合、知识性课程与综合课程结合的方法，注重课程的生活化气息，课程的开设尤其注重学生的个别差异并向微型化方向发展。我国中小学基础课程的开设是以知识为定向的，注重学科知识的逻辑性，但综合化程度不高。改革这种课程设计不仅要在内容上强调课程的综合性，还要在结构上增加与生活相关的课程和一些创造学方面的课程。

（4）改进教师的教育观念、教学方法和手段。首先，要改变教师知识定位的思想，从教学生学会知识转变到教学生学会判断、学会选择和学会生存；其次，运用现代教育技术，创造适宜的教学环境，促使学生积极参与，自主学习，自主体验，帮助学生形成主体精神和意识，形成创新能力。

（5）改革现有的评价系统，形成评价标准和评价手段的多元化，有利于具有各种素质的人才的成长与发展。

三、作为一种活动的创新教育

作为一种活动的创新教育指学校和其他社会机构为培养学生的创新能力在管理和教学方面的具体安排和策略。创新教育活动不仅渗透在课堂教学活动中，还包括培养学生创新能力的专门活动以及社会教育机构为培养学生的创新意识和创新素养而开展的一系列活动。人们往往把学校作为培养学生创新能力的最重要的机构，但学校绝不是也不可能成为唯一的机构。培养学生的创新能力是一项系统工程，需要社会各系统密切配合。所以，培养学生的创新能力既可以通过学校内的课堂教学、科技活动以及专门的校本课程等形式来进行，还可以通过聘请有专门才能的学生家长、科研专家做专题讲座以拓宽学生的知识面，培养学生的创新意识；此外，学校还可以和当地的科学机构合作，创设第二课堂，培养学生的科技素养和创新精神。由此可见，开展创新教育活动应该以学校为中心，在全社会建立系统协调的运作机制，这是实施创新教育的保证。

从创新教育的思想和原则出发，我们认为目前基础教育中校长承担了过多的与角色、身份不一致的工作，教师的创造灵感没有得到充分的发挥，学生的创新潜能受到过多的束缚，因此，创新教育的前提就是解放。从这个角度来理解创新教育，则创新教育的活动有以下几种形式：

1. 主体性活动

要保持学生的主体地位，唤醒学生的主体意识，发展学生的主体性以帮助学生认识自己、发挥能动作用，尊重学生独立的人格以达到创新意识的培养。

2. 民主性活动

师生之间有了民主，才能有真正的师生平等；有了师生的平等，才有师生之间的沟通和交流。有了这种和谐的氛围，学生才敢于质疑权威，表述自己的创意思维，培养学生的创新精神。

3. 互动性活动

首先，学生的创新意识、情感、态度和创新能力仅仅通过阅读教材里的陈述性知识不会得到很大的改变。认知心理学认为学习是"以已有的经验为基础，通过与外界的相互作用来建构新的理解"。当学习者以自己的经验为背景建构对事物的理解时，不同的人看到的是事物的不同方面，不存在对事物的唯一的标准理解，因此，"教学要使学生超越自己的认识，看到那些与自己不同的理解，看到事物的另外的一面"。基于这样的认识，教师与学生、学生与学生之间的社会性互动就成为必要。互动性活动就是在具体教学实践中通过学生之间的相互交流，丰富他们的认知，以利于学习的广泛的迁移。让学生在具体的活动中，在同社会、周围环境的互动中学会选择、判断，学会获取知识的方法，培养自己的创造能力。其次，学生的每一种创意都应该在实践活动中得到检验，获得反馈信息，这样学生才能得到创造的体验。通过一定的活动形式鼓励学生自己探索，让学生在冲突中寻求解决问题的方法，在应付困难和危机中增强面对困难的信心和勇气，这正是创新活动的实质所在。

4. 独立自学的活动

知识经济社会的一个特征是知识老化周期变短、产品换代加速，满足人们工作需求的90%的知识要在以后的工作中不断学习才能取得。早在1972年5月，联合国教科文组织国际教育委员会就出版了《学会生存——教育世界的今天和明天》，提出了终身学习的思想，因此，今后一个人如何通过有效的途径获得他所需要知识的能力成为衡量他创新能力高低的一个标志。培养学生独立自学的能力是开展创新教育活动的一个主要内容。

　　在目前的中小学教育实践中，人们往往重视的是小发明、小创造以及如课外活动等形式的活动，对中小学生而言，最重要的是培养学生的创新思维。小发明、小创造等活动本身不应构成目的，而是要在这些活动中体现创新教育思想，并依据创新教育原则来开展，以期达到培养学生的创新意识、创新观念和创新态度的目的。

第四节　创新教育的核心价值

一、创新教育的核心内容

构建国家创新体系，面向知识经济实施创新战略包括一系列重要环节，除了知识创新和技术创新外，还必须重视它们与观念创新、组织创新、管理创新、制度创新之间的联系，教育创新也不例外。"必须转变那种妨碍学生创新精神和创新能力发展的教育观念、教育模式，特别是由教师单向灌输知识，以考试分数作为衡量教育成果的唯一标准，以及过于划一呆板的教育教学制度。"这就是说，教育创新应该包括教育观念创新、教育模式创新、教学内容创新、教学方法创新、教育评价创新和教育教学制度创新，它是一项宏大的社会系统工程，需要教育领域和全社会的共同努力。

应该说，实施"创新教育"是"教育创新"的重要环节，但前者必须更明确指向如何培养学生的创新精神和实践能力。如果把"创新教育"的研究内容扩大到"教育创新"的方方面面，反而会影响实验的效果。毫无疑义，"创新教育不仅仅是教育方法的改革或教育内容的增减，而且是教育功能上的重新定位，是带有全面性、结构性的教育革新和教育发展的价值追求"。但它毕竟与"教育创新"和"教育现代化"等宏观研究的着力点有一定区别，因此，我们建议把创新教育的重心放在教学思想、模式、内容和方法层面上，作为中小学深化教育教学改革，全面推进素质教育的突破口，成为全体教师和学生都能参与的教改实验活动。实验的主体是学生和教师，改革的对象是课程学习、课堂教学等教育教学行为模式。

以培养学生创新精神为首要目标的创新教育，完全可以围绕"创新"三层次核心内容展开，通过学校各种教育形式，培养学生"再次发现"知识的探索精神，培养"重新组合"知识的综合能力和准备"首创前所未有"事物的创造意识和创造能力。

二、创新教育的核心理念

我国近代著名教育家陶行知曾经指出，创造是儿童的天性，而我们的教育在某些情况下非但没有使这种自然本性得到发展，反而压制了儿童创造的冲动。创新教育的提出，要求我们以欣赏的眼光来看待学生，使每个儿童的潜能都能得到发挥。教育者应坚信每个学生都是可以造就的，尤其不可低估"后进生"的创造潜能。可以肯定地讲，每一个学生都是一片有待开发或进一步开垦的土地。教育者应视之为教育的资源和财富，加以挖掘和利用，通过创新教育，把学生存在着的多种潜能变成现实。一谈到"创新"，人们很快就会与天才联系起来，似乎创新对一般学生来说是望尘莫及的事。事实上，人与人在智商差异上没有不可逾越的鸿沟，绝大多数人先天的条件是相似的。在实践中，教育者应坚信，所有学生的创造潜能同样深厚，在"创新"面前，没有后进生与尖子生的差别。关键在于你怎样去开采挖掘，教师在实践中应善待每一位学生，努力开发每一位学生的创造潜能。

第五节　创新教育的培养目标

一、探索精神培养

坚持对知识"再次发现"探索式学习观念，本身就是一种科学精神。它要求学生不盲目地接受和被动记忆课本或教师传授的知识，而是主动地进行自我探索，把学习过程变成一种"再次发现"人类以往积累的知识的参与式活动。科学（包括自然科学和社会科学）是知识系统，学习科学并不是为了记忆和背诵真理，而是为了认识和不断更新真理，教学中强调的应该是"发现"知识的过程，而不是简单地获取结果；要结合课程教学进行知识探源，把握其发展变化趋势；要让学生深刻感受到，任何科学知识都是人类艰苦努力不断探索的结晶，以此弘扬科学人文精神；要鼓励学习中的探究和怀疑精神，凡事多问几个"为什么"。正如著名科学方法论学者波普尔所说："正是怀疑和问题鼓励我们去学习，去观察，去实践，去发展知识。"更重要的是学习探索是对知识整体及其联系的把握。知识经济理论学者艾米顿特别推崇印象派画家克劳德·莫奈的作品。她指出："在他之前的艺术家所作的绘画，要求你走近画布才能够看清细节，而莫奈和其他印象派画家则不同，他们要求你退后从远处观赏才能看清细节。关键是要看到整体，以及色彩、结构和情绪之间的相互关系，这样才能欣赏一件艺术作品。"我们的传统教学很少教会学生从总体上观察学科知识系统，把握它们相互之间的关系和本质特征，这些正是创新教育鼓励学生以更宽广的视角，从分割的学科课程里"重新发现"的关键所在。

二、综合能力培养

从某种意义上讲，综合能力就是将现有知识"重新组合"为新知识的能力，新组合的独特和新颖标志着创新。我们的教育对象将要面对的是一个从学科知识高度分化走向高度综合的社会，国家创新能力的获得是快速的知识共享与持续的新的组合应用的结果。对此，熊彼特甚至认为，绝大多数创新都是现存知识按照新的方式的组合，他把"创新"与"新组合"视为同义语。所谓知识的"重新组合"，就是把原来几种知识联系起来合成为一种综合知识，或者把一种知识拆分成几个部分，然后以新的形式将这些部分重新联系起来，成为具有新特征、新功能、新内容的知识。西蒙顿在《科学天才》一书中写道："天才们进行新颖组合比仅仅称得上有才能的人要多得多。天才们就像面对一桶积木的顽童，会在意识和潜意识中不断把想法、形象和见解重新组合成不同的形式。"课程学习中的知识重组通常包括三种不同的层次：一是将某学科课程内部的知识进行重组，二是将不同学科课程的知识进行重组，三是将学科课程所包容的知识与课程未能包容的知识进行重组。三种层次的重组，后一个比前一个要求更高。课程教学可从第一层次入手，希望学生最终能够做到跨学科和跨出课程规定的内容去自学，把融入现代社会所必须了解和掌握的所有知识重新组合，融会贯通，运用这种"重组"的知识解决复杂的问题，从而内化为创新精神和创新能力。

三、创造意识和创造能力培养

创造意识是驱使个体进行创造行为的心理动机，没有创造意识的人不可能进行创造和发明。许多调查结论都指出，学生普遍具有创造潜能，它不是少数人特有的秉性，在适当的教育下，它可能在每一个学生个体身上发展和显现。当然，限于生理年龄特点，我们无法要求所有学生在中小学阶段都具有很强的创造能力，但创造意识的培养则必须从青少年时期开始。创造意识是创新素质培养的前提，因为创新素质不仅表现为新思想、新技术和新产品的发明创造，而且表现为善于发现问题、求新求变、积极探究的心理取向。创造能力也"绝不仅仅是一种智力特征，更是一种人格特征，是一种精神状态，是一种综合素质"。创造意识包括强烈的创造激情、探索欲、求知欲、好奇心、进取心、自信心等心理品质，也包括具有远大的理想、不畏艰险的勇气、锲而不舍的意志等非智力因素。逐步培养学生创造"前所未有"事物的能力，则可以从创新层面的"重新发现"，尤其是"重新组合"着手。无论用"无中生有"说明"创造"，还是用"有中生新"描述"创新"，都没有阐明"有"是如何从"无"，"新"是如何从"有"里产生的。事实上，世界上绝大多数的创造发明，都是原有事物的"再次发现"和"重新组合"，产生质变后才表现为"前所未有"，是"有中生有"，任何人都无法脱离自己的经历凭空设想，即使是科幻作品所"创造"的外星人，也不过是作家思想表象里原有"部件"的"再次发现"和"重新组合"而已。例如，硅元素通常以人们司空见惯的石英砂粒出现，经过科学家的"再次发现"就创造出半导体晶体管和集成电路，使"砂粒变成了黄金"。再例如，中国四大发明之一的黑色火药，无非是按"一硝二磺三木炭"的"重新组合"，才具有了新功能和新特征；马克思和恩格斯经过继承和扬弃，将英国古典政治经济学、德国古典哲学和法国空想社会主义的合理部分"重新组合"，从而创造了"前所未有"的马克思主义。因此，注重培养中小学生"再次发现"和"重新组合"的品质，就是为他们的创造能力奠定基础。

在当今时代，人的主体性空前弘扬，任何对人的主体性和自由意志的扼杀几乎都被视为罪恶，因为人生而具有追求自由的天性。"人崇尚民主，向往自由，自由的本质或实质是自我选择、自我决定、自我追求、自我实现。"而现代教育却习惯于代替儿童选择，代替儿童思考，强迫学生接受，禁锢学生自由，压抑学生个性，违背了人的自然本性、社会本性和追求自由的本质，目的是按社会的预设标准把儿童塑造为某一种特定的人。因此，学生的抗教育、反教育现象不断出现，出现新的教育无力，教育成了异化人的一种手段，它不是引导发挥人的潜能，而成了一种强制的、令人生畏的外在力量。

培养学生创新精神和实践能力，是新世纪发展教育的客观需要，这种需要不仅是从教育本身提出的，也是从民族进步、社会发展的大局出发，为提高全民族文化素质，塑造适应新世纪经济全球化人才竞争需要的一代新人的宏伟目标而提出的。

总之，创新教育定义不下百种，我们认为，从广义上说，凡是以培养人的创新素质、提高人的创新能力为主要目的的教育都可以称为创新教育。对于学校教育来说，创新教育是使学生和教师的创新性都得到有效提高的教育。它既是一种反映时代需要的新思想新理论，也是一系列"为创新而教"的教育教学活动。

第二章

开展创新教育的内容、途径和方法

教育是一把"双刃剑"，它既能培养、提升受教育者的创新素质，也能抑制、扼杀之。关键看我们将创建怎样的教育体制，实施怎样的育人模式。对基础教育来说，创新教育的根本任务就是要提高全民族的创新素质，为培养高层次创新人才打下广泛、深厚的基础。

第一节　创新教育的内容

创新教育的具体内容可分为以下十个方面：

（1）思维教育——一个人是否具有创造力，关键是看其能否进行创新思维。所以创新教育的首要任务是开展创新思维教育。而创新思维教育又包括各种思维形式的培养以及各种思维技巧的训练，因此，创新思维教育就是多种思维教育在创新形式和创新高度上的有机结合。

（2）发现教育——发现是指人们在认识自然、改造自然的过程中，领悟和发现了某些自然现象和自然规律。如果把"发现"作为一种能力，那么就可以将"发现教育"通俗地解释为"找到新的东西的能力"。发现客观存在的事物、认识客观存在的规律，都有利于创新思维的培养和创造性才干的提高。因此，要开展发现教育以树立学生的求知精神和探索精神，鼓励学生带着创造问题去有所发现，有所前进。

（3）发明教育——所谓发明是指人们采用科学原理和技术，创造出新的事物、新的产品。如果把"发明"作为一种能力，那么就可以将"发明教育"通俗地解释为"创造新东西的能力"。发明教育是将人们在发明创造过程中成功的经验充分传授给学生，培养和训练他们从事发明创造所需的思路与方法、技能与技巧，使学生能在创新活动中有所发明、有所创新。

（4）信息教育——发明创造必须以一定的信息为基础。信息代表着新的知识、新的技术，掌握了最新的信息，就能够站得高，看得远。信息教育着重培养获取信息和运用信息的能力，并形成敏感的信息知识。此外，信息教育还要教育学生掌握现代化的信息分析手段和高效率的信息处理方式，从而在信息社会中，把发明创造的有利信息转化为发明创造的成果。

（5）学习教育——学习教育的任务是教会学生怎样进行有效的学习，让学生做学习的主人。传统教育的弊端往往在于"填鸭式""满堂灌"的知识继承型教育方式，学生只是被动地从老师处获取知识。学校只注重老师如何教，不注重学生如何学，因而学生对学习方法和学习技巧都知之甚少，形成思维定式，头脑封闭，无创造性可言。学习教育就是要改变这种状况，使学生掌握良好的学习方法和有效的思维技巧，早日跨入创新领域。

（6）渗透教育——目前，科学技术高度交叉，高度渗透，各种横断性学科、交叉性学科、边缘性学科如雨后春笋，茁壮成长。要使自己在这种形式面前不落后，就必须进行科学的整体性教育和现代科学技术间的渗透教育。在这种教育中，不仅要注意科学和技术间的渗透，也要注意科学技术与社会生产间的渗透，还要注意它们与创造活动间的渗透。使学生能够充分认识科学知识、社会发展和发明创造之间的相互关系和渗透原理。

（7）艺术教育——艺术是一种创造活动，创造力可分为科学创造力和艺术创造力两种，它们都可导致伟大的创造。艺术教育有助于提高人们的艺术鉴赏力和艺术创造力，并进一步转化为人们的全面创造才能。现代优秀的发明创造成果，不但要求社会价值高、经济价值高，还要求艺术价值高，这就迫切需要学校广泛开展艺术教育以弥补过去在这方面的不足，使学生知识理论水平和艺术修养水平均达到一定程度。

（8）参与教育——参与教育是引导学生参与社会实践，用生动现实的生活素材来教育学生，启发学生，调动学生的创新热情，引发学生的创新兴趣，并在现实中找到发明创造的目标。这样，既可以培养学生发现问题、认识问题、分析问题、解决问题的能力，又可以培养学生理论联系实际、为人民为祖国为社会做贡献的精神。

（9）未来教育——未来教育是创新教育中适应社会发展需要所必不可少的组成部分。让学生了解人类社会的未来情况，并了解科学发展的未来趋势，对于帮助学生树立远大的创造志向和明确奋斗目标都大有好处。人类社会的希望寄托在青年一代的身上，必须让他们早做思想上和精神上的准备以及知识上和理论上的准备。

（10）个性教育——创新教育不仅要培养学生的创造才能，更要培养学生的创造个性，这就需要我们在一切教育和教学工作中，懂得爱护、尊重和激发学生在学习上的主动性、积极性以及独立性。过去的教育模式，要求培养目标是整齐划一的"标准型人才"，因而扼杀了学生的个性。创新教育的个性教育要改变以前在个性问题上的陈腐偏见，把培养积极进取、各具特色的创造个性作为一项重要任务来认识。

第二节　创新教育课堂教学实施方案

21世纪，是机遇和挑战并存的世纪。面对新世纪，我们充满了憧憬和希望，创新是新世纪的主旋律，创新教育的根本目的是推进素质教育，全面提高教育质量。课堂教学是实施素质教育的主阵地，是培养学生创新精神和实践能力的主渠道，我们必须进行课题改革，进行创新教育，推进新课程顺利实施。

一、课堂教学改革的必要性

为推动新课程改革，课堂教学已呈现出可喜的进步，但仍存在一系列问题。（1）现代化教学设备少，掌握现代化教学技术不熟练。（2）教学方法生硬、不灵活。（3）平时教学仍主要靠一本书、一支笔、一张嘴、一块黑板。（4）学生仍以听、记为主，自主探索、合作交流、动手实践等学习方式用得少。（5）忽略学生创新精神和实践能力的培养。（6）缺乏情感交流，主要以问答方式解决问题。等等。

为了让创新成为课堂教学改革的灵魂，真正地培养学生的创新精神和实践能力，提高教育教学质量，打造品牌学校，实现学校跨越式发展，必须对现行的课题教学进行改革。

二、课堂教学改革的主要目标

（1）以"一切为了学生服务、一切为了让学生主动获取知识"为总目标。

（2）把课堂还给学生，营造学习与探索的氛围，让课堂充满生命活力。

（3）坚持"民主"是基础、"人本"为核心、"创新"促发展的教育理念。

（4）以开放性课堂教学为主，激发学生学习兴趣，体现教师为主导、学生

25

为主体的互动性。

（5）探索具有特色的、适合自己的教学模式。

（6）让学生利用自主探索、合作交流、动手实践、主动探究等学习方式学习。

（7）尽可能多地利用和变换教学方法。如情境法、讨论法、启发式教法等。

（8）面向全体教学，分层次辅导。

（9）充分利用现代化直观的教学手段上课，如课件、实物投影、学具等，提高教学效果。

（10）注重学生获取知识的过程，重视学生的情感、态度和价值观的培养。

三、课堂教学改革的主要内容

（1）创新教育观念。

（2）优化课堂教学结构。

（3）提高教师教学基本技能。

（4）探索教学模式和学习方式。

（5）创造性地利用课程资源。

（6）应用现代化教学技术辅助上课。

（7）探索教学评价方式。

四、改革后的课堂教学基本环节

1. 新授课

（1）创设情境，提出问题。

（2）主动探索，解决问题。

（3）巩固拓展，自主评价。

2. 复习课

（1）自主整理。

（2）合作体验。

（3）汇报交流。

（4）总结评价。

（5）练习深化。

3. 讲评课

（1）总结测试，引入课题。

（2）自我评价，试卷分析。

（3）合作交流，补救练习。

（4）整理汇报，课堂小结。

4. 活动课

（1）提出问题。

（2）小组探究。

（3）合作交流。

（4）自我评价。

注意事项：

（1）课堂教学环节可以根据实际情况灵活调整。

（2）板书设计要美观、条理清晰。

（3）及时撰写课后反思。

（4）可以布置创新性作业。

五、课堂教学改革基本程序

1. 探索构思阶段

展开教师研讨会，认清课堂教学改革的意义，提出建议，形成方案。

2. 实践研究阶段

激励、引导教师学习本方案，研究教法、学法，学习教育教学理论，参加业务培训，提高教学水平，探索新课程改革下的教学模式和学习方式。

3. 研讨交流阶段

开展公开课、研讨课、优质课等评比活动，分析、交流、总结经验。

4. 总结推广阶段

根据课堂教学实践的经验，完善教学模式，撰写实验报告，推广创新经验。

六、课堂教学改革的注意事项

（1）正确处理课堂教学改革与常规教学管理的关系。

（2）不能只求课堂形式，应注重教学效果的提高。

（3）灵活应用先进的教学经验，形成自己的教学模式。

（4）注重学生创新精神和实践能力的培养。

（5）探索信息技术与课堂教学的整合方式。

（6）注重讲评课、活动课的开展。

（7）注意自主探究、合作交流、动手实践的学习方式与常规学习方式的关系。

第三节　课堂教学中开展创新教育的途径

一、开展创新教育的途径

1. 加强理论学习，实现教育观念的创新

思想是行动的先导，有什么样的教育观念，就会有什么样的角色行为。因此，必须让教师深入了解国际国内发展形势，深刻理解教育改革的背景意义，并积极参与教学改革，自觉自愿地反思自己的教育观念和教育行为，从而树立起终身教育、全民教育、素质教育等教育思想和教育理念。具体操作可从以下几点入手：①定期组织教师进行集体学习和交流。②有计划、有步骤地指导教师开展读书活动。③经常开展专题讲座、辩论赛、BBS论坛评选等活动，鼓励教师积极参与。④以学生、家长的学习观、知识观、人才观的转变来促进教师教育观念的更新。在实际工作中，对上述措施一定要加强管理和监督，实行奖惩措施，方能奏效。

2. 加大教科研力度，紧跟课改形势，实现教育模式的创新

目前，国家教育管理部门针对创新教育、素质教育在基础教育阶段采取了三项大的举措，一是规划并拟定了一批"十五"期间各级各类不同研究领域的实验课题，要求相关实验学校积极申报并开展研究。二是新一轮的课程改革已在九年义务教育阶段铺开，而高中阶段的课改实验也已计划2004年下半年开始。三是实施"校校通"工程。如果我们的每一所中小学每一位教育工作者能够以此为契机，扎扎实实地开展上述工作，牢牢抓住"教育科研"这条生命线，遵循创新教育的基本原则，就能促进教育体制的转型。

3. 关注继续教育，培养创新型教师

时代呼唤创新型教师，而教师由传统型向创新型转变不是一蹴而就的，

需要通过有目的、有计划，分层次、分阶段，长期不懈地、系统地培训来逐步推进。使教师逐渐由教书匠向学者型、专家型教师转变。因此，教师的继续教育应由个别化学校自发的、不定期形式转变为由各级教育主管部门统一的、规范的政府行为。创新型教师具有如下基本特征：①强烈的事业心、责任感和真挚的教育情感。②掌握先进的教育理论与方法。③有较强的教育科研能力。④熟练运用现代教育技术的能力。⑤勇于开拓、善于创新和灵活机变的才能。⑥吃苦耐劳、甘于奉献、敢于冒险和批判的精神。⑦开放的人格和丰富的内心世界。⑧远见卓识。⑨善于组织管理和启发学生进行创造性学习。

4. 积极建设适宜创新教育生存发展的小环境

（1）现实环境，即创新教育开展的方式、渠道或途径。这是开展创新教育必不可少的。本文前面已经提到，目前开展创新教育大致通过四条途径，其实，只要观念转变了，思路开阔了，就可以结合当地实际，创造出更多具体的开展方式。比如一年一度的全国中小学生电脑创作大赛（今年第四届），机器人风暴，中央电视台十频道的《异想天开》栏目，等等。虽然创新素质是与实践活动分不开的，但并不意味着开展的第二课堂活动越多越好，尤其是中小学。因为学生在校时间的80%是在课堂里，所以创新教育必须以课堂教学为主阵地和主渠道，着重促进"教学相长"的教学方式的形成，并努力提高课堂教学的质量和在效率上下功夫、做文章，避免舍本逐末的做法。

（2）心理环境，即为学生创新素质的培养建立新型的师生关系，营造民主、和谐、平等、合作、真诚、共融的良好氛围。这种心理环境对学生创新思维的激发具有重要意义。无论是哪种环境的建立，都不能忽视以下两种因素：①家庭教育环境。从时空角度来看，创新教育在纵向上应贯穿于幼儿教育、基础教育、中等教育、高等教育乃至人的一生，在横向上应涵盖学校教育、家庭教育、社会教育。因此，家庭教育对创新素质的形成也是至关重要的，切不可出现"5+2＜5"的教育局面。建议中小学积极开办"家长学校"，定期向学生家长、亲友讲授有关培养学生创新素质方面的内容。从而使家庭环境能形成与学校教育相协调、相一致的有利于学生健康成长的良好氛围。②影响教师创新素质的环境。我们强调教师要能承认学生的个性和潜能差异，要有对学生所犯错误的高度包容精神，要为学生创设思维活跃、畅所欲言的空间环境，一切为培养学生的创新素质创造条件。那么教师的创新能力的培养与发挥同样要受到周围环境的制约。这就要求学校和教育行政部门理顺内部关系，改变对教师单一、陈旧的管理模式，有效地保护教师的创新积极性和创新成果，切实为创新教育的实施做好搭台服务工作，使教师真正从单调重复的劳动中解放出来，跨进创新教育的新天地。

5. 加快实现教育评价制度的创新

创新教育培养的是全面发展的具有较高创新素质的综合型人才，对参与这一教学过程的两个主体对象——教师和学生的评价，就不是几张试卷能考核得了的。对于知识技能一类短效、显性的内容，可用传统的方式测量，而对于创新素质等长效、隐性的方面，却需要通过多种方式的综合测评与鉴定。因此，我们必须改变一次成绩判好坏、一张试卷定终身的状况，避免教师跟着考核走、学生围着分数转的现象出现。应将学校、教师和学生从"应试教育"的误区中引导出来，彻底改变评价内容、评价形式和评价方法，尽快建立科学合理的教育评价制度。创新教育是一项庞大而复杂的系统工程，它充满着机遇和挑战，同时也需要全社会真诚地关注和客观地对待。我们唯有坚定信心、团结一致，以高度的社会责任感和严谨的科学态度去担负起时代所赋予的崇高使命，并经过一代甚至几代人艰苦卓绝、坚持不懈的努力奋斗，才能真正开创创新教育的新局面，迎来素质教育的美好明天。

二、目前中小学在开展创新教育方面的偏差

1. 开展创新教育的现状

从各地的实践来看，能够有计划、有步骤地开展创新教育的中小学为数不多，其基本模式和途径有以下几种：

（1）以课堂教学为主渠道进行创新教育。少数实验学校以教育科研为先导，探索创新教育的实施。

（2）开设专门的课程进行创新思维的训练。

（3）少数地区的学校在义务教育阶段开设专门的综合实践活动课和手工制作课，来锻炼学生的动脑、动口、动手、表演、合作等多种能力。

（4）利用业余时间，组织科技制作小组，开展小发明、小制作活动。

2. 阻碍创新教育实施的因素

（1）教育观念陈旧，出现认识上的偏颇。教育改革遇到的最大阻力就是

教育观念、教育思想的转变。长期以来，许多学校领导和教师在传统的应试教育环境中，已经形成了一套以传递知识为核心的根深蒂固的观念系统和行为模式。因此，在创新教育的实施中，就出现了思想认识上的偏颇，具体表现为：

① 对素质教育的内涵和外延的理解粗浅，把握不到位。许多人认为开展素质教育，就是要多开展第二课堂、学科竞赛，培养学生音乐、舞蹈、书法、绘画、体育及创造发明方面的能力，提高尖子生的学科知识水平及应试能力。固然，这些都是素质教育的范畴，但素质教育培养的是德、智、体、美、劳、技等全面发展的高素质人才，其核心是德育素质和创新素质。为了实现这个目标，我们必须牢牢地抓住这个核心，坚定地进行教育改革、教育创新。只有这样，素质教育的思想才能真正贯彻落实。

② 认为只有功课好的学生才有"创新基因"，而成绩差的学生不可能有什么创新作为。因而，不论做什么事总照顾功课好的学生，让他们有更多的锻炼机会，而剩下的学生往往被遗忘。

③ 强调共性，忽视个性。创新能力的培养与学生个性的发展密切相关。但如今许多学校对学生过分强调整齐划一、循规蹈矩，忽视甚至压制有不同想法学生的个性发展。这样长期下去，只能变相地"奴化"学生的人格，何谈创造性的培养和发展？

④ 不自觉地将知识学习与创新素质的培养割裂开来。由于"应试压力"的增大，使得教师在教学过程中利用一切时机一味地"强塞硬灌"，希望学生记忆并掌握更多的书本知识，而根本无暇顾及学生的承受能力及创新素质的培养。这种把传统教学方式发挥到极致的高耗低效做法，已经没有什么潜力可言了，应该静下心，回过头来反省一下。此外，知识与创新相辅相成，缺一不可。它们完全是统一在同一个教学过程之中的。

（2）在实践中，重形式而轻内涵。这几年，国家虽然在中等教育、高等教育的招生上扩大了入学率，在考核内容方面做了相应的调整，但依然动摇不了"中考"和"高考"作为基础教育"指挥棒"的特殊地位。结果，越是重点学校，越是名牌学校，就越不敢在探索创新教育的征途上做先锋，争当表率。目前，中小学在对待开展创新教育的问题上有以下几种态度和做法：

① 上级部门不检查，可以置之不理，一切围绕升学率。

② 象征性地开展一些第二课堂活动。

③ 在常规教学中，能积极开展一些有益的、广泛的，但属于浅层次的探讨，如公开课、调讲赛、观摩课、研讨课等。

④ 在非高考科目中，开展一些课题实验研究。目前，相当一部分学校未能把创新教育真正摆在重要的战略发展地位上。这必然导致某些学校宣称的所谓"素质教育""创新教育"，其实只是一层美丽的外壳。如此状况怎不令人担忧！

（3）缺乏创新型教师。创新型的学生需要创新型的教师来培养。我国教育由于早期受苏联教育家及其理论的影响较深，使得现在绝大多数教师都是在传统的以教为中心的学习环境中成长起来的，普遍缺乏创新思维和创新能力，如今让他们来培养学生的创新素质，其最大困难就是首先突破自我，实现自我创新。

三、在课堂教学中进行创新教育

这是实施创新教育的基本途径。它要求教师在进行系统的知识教学中渗透创新教育，即在语文、数学、自然、音乐、美术、劳动等课程中进行创新教育，培养学生的创新精神。课堂教学是学校教育的重要组成部分，在课堂教学中开展创新教育可以应用以下几种方法：

（1）激励教学法。在教学中鼓励学生大胆进行发散思维，不满足于现有的结论，为此，可以组织学生间的互相激励（讨论）。

（2）问题情境教学法。利用一切可能的条件，创设与所教内容有关的情境或问题，让学生在规定情境中去体验和思考问题，培养学生的应变能力。

（3）实践探究教学法。把教学和实践结合起来，通过实践探讨事物发展的规律。鼓励学生动手，多组织一些动手的活动。

（4）发现法。在教师的指导下，让学生经过自己亲自发现来认识事物发展的规律和本质，使学生体验到科学发现的艰辛及成功的喜悦，并通过这种方法学到学习和研究的方法。

（5）讨论法。创新教育一定要保证学生交流活动的进行。讨论是交流的一种常用的方法。教师在教学中组织讨论，让学生充分发表自己的见解、自己解答问题，既可以使学生加深对知识的理解，也可以使学生在讨论中发展自己的创造能力。

四、开设专门的课程

如开设创新型思维训练课，系统介绍创新型思维的特点和规律，进行专门的思维训练等。

五、开展小发明、小制作活动

利用课余活动时间组织兴趣小组，教授发明技法，让学生动手制作。

六、开设活动课

自把活动课列入课表以来，一些学校利用活动课的时间进行创新教育，主要是培养学生的动手创造能力和思维能力。

第四节 课堂教学中开展创新教育教师的素养

创新的关键在人才，创新人才培养的关键在教育。美国托兰斯的研究发现，教师在创造性动机测验中的成绩与学生的创造性写作能力之间存在一定的正相关。这一发现表明，教师创新能力的高低制约着学生创新能力的发展，课堂尤其如此。没有教师在课堂上的持续创新，学生的创新能力将难以开发出来。因此，学校要培养创新型人才，必须首先开发教师的课堂创新能力，提高教师的课堂创新素养。

一、教师课堂创新素养的主要内容与特点

提高教师课堂创新素养的目的，是在日常课堂上有效实施创新教育，推进创新学习与创新教学。因此，对教师课堂创新素养提出的基本要求，便构成了课堂创新素养的主要内容。

1. 情意倾向与思维品质：有效实施创新教育的课堂素养指向

在国外众多的创新教育模式中，影响较大，被多数实践者认同的主要有三种：一是威廉姆斯的创造与情意模式，这一模式强调思维的流畅性、变通性、独创性、精密性和情意倾向中的好奇心、冒险心、挑战心、想象力，其核心是创新思维与创新情意；二是吉尔福特的解决问题模式，这一模式以多样化解决问题为中心，其核心是思维的发散性；三是奥斯本·帕内斯的创造性解题模式，这一模式要求以系统的方法解决问题，其核心是思维的系统性。这三种创新教育模式要求教师具备两个方面的课堂创新素养：一是创新性的情意倾向，即要有好奇心、冒险心、挑战心与想象力；二是创新性的思维品质，即要有思维的流畅性、变通性、独创性、发散性与系统性等。

2. 主体取向与策略意识：有效推进创新学习的课堂素养指向

创新学习特别强调学习者的主体性，学生既是教育目的的体现者与学习活动的主人，也是学习活动的积极探索者与反思者；要引导学生学习和运用新奇、灵活而高效的学习方法，在学会学习中积极主动地提高创新能力。创新学习的主要特点要求教师具备"主体取向"与"策略意识"两方面的课堂创新素养：一是要树立明确的课堂主体取向，把学生作为课堂学习与课堂创新的主体，促进学生在课堂探索与学习反思中张扬创新的主体性；二是强化课堂学习的策略意识，要引导学生在掌握学习方法、运用学习策略的过程中学会学习，把课堂教学过程变为学生主动发现、探究反思、变化更新的创新学习过程。

3. 价值提升与实践张力：有效开展创新教学的课堂素养指向

创新教学是以培养学生创新素质为基本价值取向，以此确定教学目标、教学内容、教学方法和教学管理等具体内容并加以实施的教学实践活动。要有效开展创新教学，必须立足于学生发现新问题和运用新知识、新事物、新思想、新方法等基础性素质，以发展为根本、以学生为主体、以教师为主导、以问题为主轴、以活动为主线。创新教学的这些要求，需要教师具有"提升价值"和保持"实践张力"的课堂创新素养。提升价值，是指在课堂教学中，把培养学生的创新素质作为最大价值和最高追求，把开发学生的创新力作为课堂教学的主要任务，并将这些价值追求和课堂任务落实在课堂教学的各个环节。要实现课堂创新价值的最大化，必须保持课堂实践的创造张力，在课堂学习中留足学生的创新空间，并形成激活学生创新欲望、培育学生创新潜能的作用力。

4. 三维一体与持续创生：教师课堂创新素养的主要特点

情意倾向与思维品质、主体取向与策略意识、价值提升与实践张力，明确了课堂创新素养的三个主要维度：一是课堂的创新情意，即具有热衷课堂创新和在课堂上着力培养学生创新力的"情意倾向"；二是课堂的创新信念，即树立了课堂创新的思想理念与价值追求，具有在课堂上开发学生创新力的"价值提升"准则；三是课堂创生的实践智慧，即能够开展富有创生型的课堂实践活动，具有创造性的"思维品质"和促进学生"主体实现"与学会学习的"策略意识""实践张力"等。这三个维度互促共生、立体推进，形成了"三维一体"的课堂创新素养特点。

教师的课堂创新素养除了具有"二维一体"的特点外，还具有"持续创生"的特点，即能够推动课堂的持续创造与生成，能够长久地保持课堂的新鲜感与创新的活力，能促进学生在课堂上持续生成新的观点、思想、体验与经验等。

《国家中长期教育改革和发展规划纲要（2010—2020）》提出："把教育资源配置和学校工作重点集中到强化教学环节、提高教育质量上来"，"提高教师业务素质，改进教学方法，增强课堂教学效果"，"深化教育教学改革，创新教育教学方法，探索多种培养方式，形成各类人才辈出、拔尖创新人才不断涌现的局面"。这需要教师教育把准"课堂创新"的脉搏，构建与之相适应的教师教育新体系和教师专业化评价的新标准，实现教师教育和教师专业化发展的新突破。要做到这一点，需要将教师的课堂创新素养纳入教师教育和教师专业化的内容，细化教师课堂创新素养的具体内容、评价维度与培养策略，以从制度和体系上促进教师提升课堂创新素养。

二、教师课堂创新素养的评价维度

要评价教师的课堂创新素养，可从以下三个维度建构评价体系。

1. 持续创新的课堂情意

教师课堂创新素养的高低，首先体现在持续创新的课堂情意上。持续创新的课堂情意，是指教师喜欢和热爱具有创新特点的课堂，能以培养学生的创新意识与能力为课堂的核心任务，在持续不断地提高自我创新力的同时，长期投身于课堂的变革，并在生动鲜活的创新性实践中推动师生创新力的共同发展。要衡量教师是否具有持续创新的课堂情意，可从以下三个维度去考查。

（1）课堂创新目标的专注度，即是否喜欢研究不同课型对学生创新能力的不同促进原理与作用，并由此确定不同课型的创新目标。课堂创新素养较高的教师，首先具有清晰的创新目标意识，在教学目标的制定上不是专注于传授已有的东西，而是借助已有的知识和教学素材，研究学生创新力的开发目标。这种专注于教学创新目标的课堂情意，既为课堂创新奠定了基础，也为课堂的持续创新找准了方向。

（2）课堂形态变革的投入度，即是否热衷于围绕既定的课堂创新目标，研究课堂呈现形态的持续变革与创新。课堂形态是指学习环境、学习资源、学习内容、学习途径、学习方式、学习载体、教学活动等在课堂上的综合呈现方式。课堂创新素养较高的教师，不满足于课堂教学的刻板模式，总是力求根据课堂要素的变化不断创新课堂的呈现方式，以促进课堂形态的持续发展和不断变革。

（3）课堂创新状态的持续度，即是否持续不断地开发自身的课堂创新力。课堂创新素养较高的教师，信奉"没有教师的教育创造，就很难有学生的创造精神"这一观点，注意在日常教学中保持自己的创新意识，拓展自己的知识视野，改善自己的思维方式，不断吸收教育知识、学科知识、课堂改革等方面的新信息，并将其整合到自己的课堂上，以此提高自身对课堂及其改革的敏锐性，并保持自己的课堂创新状态。

2. 唤醒创新的课堂信念

教师的课堂信念，是教师课堂教学的价值观、过程观与质量观的综合体，即教师在追求什么样的课堂价值、创造什么样的课堂形态、达成什么样的课堂质量等方面形成的较为稳定的主观意识，当这种主观意识成为他对待课堂的思想准则时，就成了他的课堂信念。唤醒创新的课堂信念，是指教师围绕"课堂创新"产生的较为稳定的主观意识和对课堂的评判与实施准则，主要体现在以下三个方面。

（1）唤醒创新力的课堂价值观。课堂创新素养较高的教师，能够根据学生的本质属性确立课堂的价值观，能把唤醒学生的创新力作为课堂的价值追求与判断标准，凡是有利于唤醒与呵护学生创新天性、创新激情的课堂环境、资源与活动等，都认为是最有价值的而全力扶持。

（2）诱导创新力的课堂过程观。课堂创新素养较高的教师，能把课堂教学过程转变为学生创新力的诱导与开发过程，在设计课堂教学流程与开展课堂教学活动时，能激发学生主动参与、积极思考的热情；能引导学生保持旺盛的求知欲、好奇心与探索精神，能帮助学生发表不同见解，建构具有个体特点的知识和处理问题的不同经验。

（3）发展创新力的课堂质量观。课堂承载的是不断成长的充满创新力的鲜活生命。"生命不仅足以维持自己，而且拥有发展的本能……它主要表现为向上性、超越性和不间断性。"从"向上性、超越性和不间断性"来看，生命的发展主要是创新力的发展，因为缺失创新力的生命，将难以不间断地向上和超越。课堂创新素养较高的教师，能把握生命的本质，把创新力的发展状况作为课堂质量的评价标准，并以此确立新的课堂质量观。

3. 创生课堂的实践智慧

教师课堂创新的本质是实践的，教师的课堂创新素养，必须在生动的课堂现场和创生性的实践活动中体现出来。课堂创新素养较高的教师，既能创生出高创新力的课堂，也能促进日常课堂的精彩创生，其课堂创生的实践智慧主要体现在以下三个方面。

（1）预留课堂创生空间的设计智慧。课堂创新素养较高的教师，具有预留课堂创生空间的设计智慧，能预设出低度干预形态的课堂学习框架，有既定的学习目标、学习资源、学习路径与主要学习活动，没有把所有学习内容充塞其间，而是给学生的课堂现场留足了创生的空间，学生可以在教师指导下，开展创生性的学习活动，使预设的课堂框架和现场的创造生成有机融合。

（2）常态课堂持续创生的临场智慧。课堂创新素养较高的教师，具有促进常态课堂持续创生的临场智慧，能够珍惜课堂上的创生资源，鼓励学生不间断地创生。具体表现为四个方面：一是感知创生信息的敏锐性，能快速捕捉和判断稍纵即逝的生成信息，能快速区分生成信息的消极性与积极性；二是处理创生信息的及时性，能根据设定的课堂创新目标，快速引导学生处理课堂上的生成信息；三是处理创生信息的智慧性，能从生成信息中及时把握学生的学习潜能、发展态势、现场需求或成长缺陷，能因势利导地促进学生利用生成信息中的积极因素，相机调整原有的预设方案，在课堂现场创造出最适于学生的教育；四是处理创生信息的激励性，能调动和保持学生特别是弱势学生及其群体在课堂上持续创生的积极性。

（3）创生课堂最大效益的增值智慧。课堂创新素养较高的教师，具有创生课堂最大效益的增值智慧，能紧扣教学目标，及时判断出创生信息的价值，并能巧妙地在开放性的创生活动中及时调控，以在不伤害学生创生积极性的前提下，保障创生信息对课堂效益的促进功用，将课堂的增值效益最大化。

三、教师课堂创新素养的培养策略

从教师课堂创新素养的主要内涵与评价维度来看，要大面积提高教师的课堂创新素养，需从课堂情意、课堂信念和课堂实践三个方面确立培训内容，创新培养策略。

1. 消除课堂创新的心理误区，提高课堂情意的创造倾向

课堂情意是课堂创新的动力系统，要大面积提高教师的课堂创新素养，必须首先提高教师对于课堂创新目标的专注度、课堂形态变革的投入度和课堂创新状态的持续度。要实现这一目标，需要首先消除教师对于课堂创新的心理误区，提高课堂情意的创造倾向。

（1）消除"课堂创新多余"的心理。"有人认为，学习只是接受前人的知识，学习书本上的知识，不是什么创造发明，根本谈不上什么创新。"要提高教师的课堂创新素养，需要破除这种"创新多余论"，因为无论哪一阶段的课堂，都需要以创新的思维培养学生除旧布新的意识与能力，即使是传承已有的知识，也需要灵动地引导学生把新知识融入自己的知识架构，以形成具有个性色彩的知识体系与运用能力。

（2）消除"课堂创新高难"的心理。一些老师认为，课堂创新是高难度的要求，是优秀师生的"专利"。但近30年的研究发现："创造性是一种连续的而不是全有全无的品质，人人乃至每个儿童都有创造性思维或创造性。"基于人人都有创造性的特点，在知识社会，以实践为舞台，以大众创新、共同创新、开放创新为特点的草根创新，将逐步成为创新的主流，课堂创新就是草根式创新，它的目的不在于发明全新的产品，而在于培养学生的好奇心、求知欲，敢于质疑与冒险，善于从不同角度思考、解决问题和表达成果的意识与能力。

（3）消除"课堂创新'作秀'"的心理。现实中的"课堂创新"，多数是在特定背景下，由指定的老师执教的具有观赏性而无实用性的"作秀"课堂，"好看不好用"。这种现象让课堂创新变成了课堂"作秀"，被窄化为公开课或研究课。因此，应消除教师们"课堂创新'作秀'"的心理，提高课堂创新素养，让课堂创新回归到日常课堂。

2. 形成课堂创新的共识依赖，提高课堂信念的文化品格

课堂创新的共识依赖，是指学校师生在课堂创新的价值观、过程观、质量观等方面，形成了一致认识，并相互影响、彼此促进。课堂创新的共识依赖影响着学校群体的课堂信念，制约着学校课堂的整体发展方向与评判标准，并逐步发展为学校课堂的文化品格，这种文化品格反映在课堂信念上，就能在无形中持续影响和制约师生的课堂行为。要形成课堂创新的共识依赖，提高教师课堂信念的文化品格，除不断形成"唤醒创新力的课堂价值观""诱导创新力的课堂过程观"和"发展创新力的课堂质量观"等群体共识以外，还需要关注以下三个方面。

（1）"活化知识"的课堂意识。"教育活动主要是以知识为核心展开的。知识是生成智慧的基础，将知识'活化'才能培养出富有智慧的头脑，若把知识当成一种客观存在的教育，则难以生成智慧。"因此，要坚守和践行创新的课堂信念，需要教师树立"活化知识"的意识，通过课堂情境的创设、知识建构过程的设计等，将知识置于鲜活的课堂学习场景中，并引导学生在主动建构的过程中把静态知识动态化。

（2）"反竞技化"的课堂取向。竞技化的课堂主要是训练学生记忆、理解、迁移等能力，其核心是知识储存与解题能力，强调课堂的竞争。要坚守和践行创新的课堂信念，需要确立"反竞技化"的课堂取向，把课堂从"竞技场"转变为"创新的天地"，让创造性思维与情趣弥漫在课堂上，才能唤醒、诱导和发展学生的创造力，提高课堂信念的文化品格。

（3）去"逆淘汰"的课堂准则。课堂上"纪律好""很听话"，能快速记录和记忆老师传授的知识，能按照老师要求完成任务的学生得到老师的赞扬与呵护；而好奇心强、勇于质疑、思维发散、不刻板遵循老师要求的学生却受到批评和排斥。本应得到保护和发扬的创新行为被无情淘汰的现象，被称为课堂创新中的"逆淘汰"。要提高课堂创新素养，需要教师转变"逆淘汰"的课堂评价准则，对敢于质疑、冒险和提出多种解决问题方案的学生进行鼓励，使课堂评价有利于培养学生的创新意识与能力。

3. 建构课堂创新的实践生命体，提高课堂创生的能动智慧

能动智慧是指主动积极地建构创生型课堂，创造性地培育课堂生命体的实践智慧。课堂是鲜活的实践生命体，涌动着生生不息的创造激情与智慧。教师必须立足于课堂创新这一实践生命体，提高课堂创生的能动智慧，才能提高课堂的创新素养。

（1）培育课堂的创新生态。要培育课堂的创新生态，可采取以下三个方面的培养策略：一是建构课堂新模式，打破维持性学习或接受性学习的课堂观，从被动式的整齐划一的课堂模式，走向主动思考、大胆表达、相互质疑、互助共进的"活力式""互动式""争议式"的课堂模式；二是发展课堂的"自组织"，通过建立一定的激励机制，形成班级或小组内部相互影响、共同促进的团体发展策略与动力系统，培育学生群体的"自我"创造与发展能力；三是调控课堂创新的平衡态，不断打破课堂的平衡与"宁静"，激活学生的创新欲望，通过课堂创新平衡态的调控，保持学生永不衰竭的课堂创新动力。

（2）打造创生型特色课堂。学生在课堂上灵活采用自主、合作、探究等多种学习方式，在教师、网络和其他教育资源等的帮助与支持下，通过创造性的课堂学习活动，建构"学生在课堂上创造性地学，教师在课堂上创造性地教，师生在创造性活动中产生新体验、收获新知识"的创生型课堂。

第五节　课堂教学中开展创新教学的思路

一、转变教育观点，培养创新意识

教师观念的转变是实施创新教育的关键和前提，教师观念不改变就不可能培养出具有创新意识的学生。首先，要认识课堂教学中教师与学生的地位和作用以及教与学的关系，发挥教师的主导作用和学生的主体作用，充分调动学生的学习主动性和积极性，使学生以饱满的热情参与课堂教学活动。建构主义理论认为：知识不是通过传授得到的，而是学习者在一定的情境即社会文化背景下，借助他人（包括教师和学习伙伴）的帮助，利用必要的学习资料，通过意义构建而获得的。因此，教师在学生的学习过程中应是组织者、指导者、帮助者、评价者，而不是知识的灌输者，不要把教师的意识强加于学生；而学生是教学活动的参与者、探索者、合作者，学生的学习动机、情感、意志对学习效果起着决定性作用。其次，在教学方法上也要改传统的注入式为启发式、讨论式、探究式，学生通过独立思考，处理所获取的信息，使新旧知识融会贯通，建构新的知识体系，只有这样才能使学生养成良好的学习习惯，从中获得成功的喜悦，满足心理上的需求，体现自我价值，从而进一步激发他们内在的学习动机，增强创新意识。

二、营造教学氛围，提供创新舞台

课堂教学氛围是师生即时心理活动的外在表现，是在师生的情绪情感、教与学的态度、教师的威信、学生的注意力等因素共同作用下所产生的一种心理状态。良好的教学氛围是由师生共同调节控制形成的，实质就是处理好师生关系、教与学的关系，真正使学生感受到他们是学习的主人，是教学成败的关键，是教学效果的最终体现者。因此，教师要善于调控课堂教学活动，为学生营造民主、平等、和谐、融合、合作、相互尊重的学习氛围，让学生在轻松、愉快的心情下学习，鼓励他们大胆质疑，探讨解决问题的不同方法。亲其师，信其道，师生关系融洽，课堂气氛才能活跃，只有营造良好的教学气氛，才能为学生提供一个锻炼创新能力的舞台。

三、训练创新思维，培养创新能力

创新思维源于常规的思维过程，又高于常规的思维，它是指对某种事物、问题、观点产生新的发现、新的解决方法、新的见解。它的特征是超越或突破人们固有的认识，使人们的认识"更上一层楼"。因此，创造思维是创造能力的催化剂。提问是启迪创造思维的有效手段。教师在课堂教学中要善于提出问题，引导学生独立思考，使学生在课堂上始终保持活跃的思维状态。通过特定的问题使学生掌握重点，突破难点。爱因斯坦曾说过："想象力比知识更重要，因为知识是有限的，而想象力概括着世界上的一切，推动着社会进步，并且是知识进化的源泉"。想象是指在知觉材料的基础上，经过新的配合而创造出新形象的心理过程。想象可以使人们看问题能由表及里，由现象到本质，由已知推及未知，思维活动产生质的飞跃，丰富的想象力能"撞击"出新的"火花"。因此，在教学过程中要诱发学生的想象思维。

四、掌握研究方法，提高实践能力

科学的研究方法是实现创新能力的最有效手段，任何新的发现、新的科学成果都必须用科学的方法去研究，并在实践中检验和论证。因此，教师要使学生掌握科学的探究方法，其基本程序是：提出问题—做出假设—制订计划—实施计划—得出结论。课堂教学中主要通过实验来训练学生的实践能力，尽量改变传统的演示性实验、验证性实验为探索性实验。另外，还可以向学生提供一定的背景材料、实验用品，让学生根据特定的背景材料提出问题，自己设计实验方案，通过实验进行观察、分析、思考、讨论，最后得出结论，这样才有利于培养学生的协作精神和创作能力。有时实验不一定获得预期的效果，此时教师要引导学生分析失败的原因，找出影响实验效果的因素，从中吸取教训，重新进行实验，直到取得满意的效果为止。这样不仅能提高学生的实践能力，而且能培养学生的抗挫折能力。

五、利用新的信息，触发创新灵感

现代社会，教师要培养学生收集和处理最新信息的能力。科学技术迅猛发展，新技术、新成果不断涌现，瞬息万变的信息纷至沓来，令人目不暇接。只有不断地获取并储备新信息，掌握科学发展的最新动态，才能对事物具有敏锐的洞察力，产生创新的灵感；否则，创新将成为无水之源、无本之木。因此，要引导学生通过各种渠道获取新信息，如通过图书馆、电视、报纸、互联网、社会调查等获取信息，为创新奠定坚实的知识基础，这样才能在科学的高度高屋建瓴，运筹帷幄，驾驭科学发展的潮流，才能使创新能力结出丰硕的成果。

创新教育的内容大致分为思维教育、发现教育、发明教育、信息教育、学习教育、渗透教育、艺术教育、参与教育、未来教育、个性教育、和谐教育等，着重培养创新精神、创新能力、创新人格。

创新精神，主要包括有好奇心、探究兴趣、求知欲，对新生事物的敏感，对真知的执着追求，对发现、发明、革新、开拓、进取的百折不挠的精神，这是一个人创新的灵魂与动力。

创新能力，主要包括创造思维能力，创造想象能力，创造性地计划、组织与实施某种活动的能力，这是创新的本质力量之所在。

创新人格，主要包括创新责任感、使命感、事业心、执着的爱、顽强的意志，能经受挫折、失败的良好心态，以及坚韧顽强的性格，这是坚持创新、做出成果的根本保障。

第六节　学生创造性思维的培养方法

创造性思维是一个至今尚未定论的概念。现在常见的有这样两种观点：一种观点认为，它是以解决科学或艺术研究中所提出的疑难问题为前提，用独特新颖的思维方法，创造出有社会价值的新观点、新理论、新方法的心理过程。另一种观点认为，它是在解决问题时，具有主动性和独特性的一种思维活动。前者是特殊才能的创造性思维，如科学家、发明家的创造发明，艺术家的创作，等等；后者是自我实现性的创造性思维，是个体在发展意义上的自我潜在智能有意义的创造性开发。中小学生的创造思维的培育和训练，主要属于后者。

希卢姆在他的《人类性格的稳定和变化》中研究证明：在生命的前四年中，儿童发展出大约50％的学习能力，在8岁前，又会发展出另外的30％。这就是说，任何一个学龄儿童，不管他有没有进过幼儿园，识不识字，他都有一种潜在能力，因为孩子们的天性中就有无穷的创造力，虽然这种创造力还远远称不上思维，但这是非常可贵的萌芽。到小学、初中、高中，如果能让这幼芽顺利成长，让它发展壮大，那我们的教育早该是另外一种样子了吧。可现状是：论想象力、创造力，高中生不如初中生，初中生不如小学生，小学生不如幼儿园的孩子，无怪乎我们总与诺贝尔奖无缘，因为"创造性恰恰是诺贝尔奖的灵魂"，而"教育中充斥了压抑个性，践踏人的独立和自由，摧残青少年的好奇心、想象力和创造力的手段"。上海的程红兵老师说："我们愤怒学生没有想象力，但我们又同时在扼杀孩子的想象力。"我们应该相信：孩子的心中有创造思维的火种，我们教师的工作是添添柴，扇扇火，让火苗旺旺地燃烧起来，而不是泼一盆冷水，把这火种浇灭。语文教学的主战场是课堂，探讨一下在课堂教学中发展学生的创造性思维这个话题是很有必要的。

近几年来，结合学科教学实际，在培育学生创造性思维方面做了一些实践和理论上的探索，采取了一些比较有效的训练方法和途径。介绍如下：

一、质疑问难法

在教学中创设条件，激发学生的好奇心，鼓励学生敢于质疑、敢于提问，引导他们同中见异、异中见同或平中见奇，从一般不易觉察的地方看出问题，对司空见惯的事物提出疑问。

质疑问难是发现问题的必由之路，是开启创造性思维的一把金钥匙。因为创造性思维是一个发现问题、明确问题、提出假设、验证假设的过程，而发现问题和提出问题是解决问题的前提和起点，一个人没有发现问题的能力，就不可能有创造思维和创造活动。为此，首先要激发学生创造思维的积极性和主动性。通过宣传古今中外一些名人善于质疑问题的事迹，树立榜样，引导质疑。

譬如，哥白尼因为对"地心说"的质疑，才提出日心说；爱因斯坦因为对经典物理的质疑，才提出相对论；沈括因为对古人采药方法的质疑，才写下了《采草药》这篇富有科学精神的文章……通过这些典型事例的宣传，使学生明白质疑对创新的重要作用，大大激发他们质疑的主动性。其次，在教学中，要给学生营造一个充分发扬民主、敢于质疑、敢于提问的环境氛围，对学生的质疑问题，即使不尽合理甚至存在明显偏差，也不能采用一棍子打死的压制方法，要给予耐心而正确的引导。然后，要充分利用教材，开展质疑研讨活动。如教《晋词》一课时，教师可引导学生质疑：文首总括句为"悠久的历史文化和优美的自然环境浑然融为一体"，而接下来却先写"山水之美"，再写"历史之美"，作者这样安排的用意何在？又如《小桔灯》一文写的主要人物是"小姑娘"，作者为什么要以"小桔灯"为题呢？通过质疑—析疑—解疑，学生对文章就会有更深层次的理解。

二、标新立异法

即正中求反、逆向求异的思维方法。这种方法，并不是对正确道理的否定，而是对正面道理的补充，给司空见惯的现象、老生常谈的话题、传统的定论增添新意。鼓励和指导学生标新立异，可以培育和发展学生批判性的思维能力，养成创造性思维的独特品格。现在学校教育中，存在着这样一种教育思想，即把教育仅仅看作一种知识传授的手段，以使学生学得各种专门知识作为教育的最高目的。在这种思想指导下，教师只注重知识的传授，学生的独立性和自主性受到压抑和摧残，学生成为知识的被动接受者。爱因斯坦的独立性格，在学生时代曾受过教师的冷遇。后来他深有感触地说："使青年发展批判的独立思考，对于有价值的教育也是生命攸关的，由于太多和太杂的学科造成青年人的过重负担，大大地危害了这种独立思考的发展。"他还指出，"发展独立思考和独立判断的一般能力，应当始终放在首位，而不应当把获得专业知识放在首位。"

引导学生逆向思维，求异立论，批判性地思考，要引导学生辩证地处理好求同和求异之间的关系，顺从性和不顺从性之间的矛盾关系。我们既不能不加分析地遏制学生的不顺从性而赞赏其顺从性，也不应该无条件地纵容学生的不顺从性而贬抑其顺从性。在教育（教学）中，要引导学生接受一些传统的肯定性观念或生活哲理，诸如"有志者事竟成""玩物丧志""开卷有益""近墨者黑""没有规矩无以成方圆"等，以做正向的继承和顺从。同时，也要积极开导和支持学生逆向思考，求异立论："有志者未必成""玩物未必丧志""开卷未必有益""近墨者也能不黑""没有规矩也能成方圆"。这种批判性思考，实际上是从新的角度重新审视分析旧观点，找出其缺陷与不足，以便扬弃缺陷，补充新意，从而体现出一种强烈的创新意识。对于传统的一些否定性观点或生理理念，诸如"标新立异""班门弄斧""东施效颦"等带有贬斥的行为，也可引导学生，反其道而行之，另辟蹊径，逆向立论："要勇于标新立异""敢于班门弄斧""东施效颦也可贵"——突破思维定式，想别人之未想，言别人之未言，就能开拓创新。

三、"辐射发散"法

以一事物为触发点，从多角度、多方面、多层次去思考和想象的思维方法，按照思维类型，可分为辐射发散性思考和辐射发散性想象。辐射发散性思考，即对认识对象，可以从纵向、横向，正向、反向，动态、静态，已知、未知等多方面展开辐射性的发散思考。对同一事物，进行多方面的了解和分析，才能求其全、得其真。全面分析各方面的情况，才能总体把握事物本质，分清主流与支流。对同一问题，进行多角度思考，还可以发展思维的灵活性品质。在教学中，特别是在作文审题立意指导中，我们通过训练学生的发散性思维，可以帮助他们寻找解决问题的各种可能性，以使学生选择最佳角度和方法，实现解决问题的理想目标。以下面一则材料为例，做审题立意思考，如果运用发散性思维，至少可以从四个角度，确立六个论点。

材料：一个赵国人牵了一匹马到集市去卖，卖了三天，竟无人问津。于是他便想了一个办法，去找伯乐，要伯乐围着他的马转三圈，然后离开。离开时，要三次回头看马。如果伯乐这样做了，他付给伯乐一个早晨的工钱。伯乐照着赵国人的话做了。于是，人们都争着来买这匹马。很快，这匹马便卖出去了，而且马价提高了十倍。

发散思考：从赵国卖马人方面立意：①学点生意经。②要善于诱导、引导，帮助学生打开知识的门扉，端正思维的方向。切忌用"满堂问"来代替启发性教学。

创造性思维是一个多层次的思维系统，其主要特征是：积极的求异性、洞察的敏锐性、想象的创造性、知识结构的独特性、灵感的活跃性。培育创造性思维的方法多种多样，并非只有上述几种方法，但实践证明，这几种方法是有利于学生创造性思维特点和品格养成的。在教学中，我们倡导学生积累知识。在积累过程中，如果不会运用统摄思维，不加以系统归类，不加以联系和区别，而只是盲目地堆集，这正如培根所说的"蚂蚁式"的求知方式。既积累又统摄，将积累的材料加以消化和改变，才能像培根所称道的"蚂蚁式"求知。

在学习中，善于积累，善于运用聚焦统摄思维方法，才有可能将知识转化为能力，才能利用知识去创新。譬如学习词语，学生要真正掌握并灵活运用某个词，既要尽可能多地接触（通过发散思维）此词在不同语境中的运用，并通过聚焦统摄，力求归纳它的各种义项和用法；同时又要区别这些义项和用法在不同语境中的变异。"文无定法"，这是我们读写许多文章后，通过聚焦统摄思维获得的一个"共识"，但我们从相同体裁，或相同作家，或相同写法，或相同风格等许多文章中，通过聚焦统摄，也可以获得另一个观点："文章大体有法"。

在语文单元教学和作文审题立意教学中，尤其要加强聚焦统摄思维的训练，否则很难有良好的效果。因为没有聚焦统摄，思维就缺乏深度，难以达到创造性的高度。我们要培养富有创造精神的21世纪人才，同时无意中我们可能又在扼杀、摧残着学生的个性和创造性。据报道，某小学考试时，一道题要求学生回答"雪化后是什么"，绝大多数学生回答"水"，而一个学生答："雪化后是春天。"老师给他的答案打了个大大的"×"。多么富有创造力的回答，但却为统一的标准答案所不容许，这不是在有意无意地摧残创造力吗？

要像保护稚嫩的花朵一样保护学生的创造性思维，或许有时学生的回答不符合常理，但请慢下判断。在课堂教学中发展创造性思维应该遵循以下几条原则：

（1）鼓励性原则。不管学生答得怎样，都要及时给予评价。首先要充分肯定，在充分肯定的同时要指出不足，切不可对答错的学生不理不睬，半天不叫坐下，或讽刺挖苦。教师应给予每个学生以成功的体验，且指明努力方向。

（2）启发性原则。孔子曰："不愤不启，不悱不发。"课堂教学中，随时注意学生的反应，当学生进入积极思维状态时教师适时地诱导、引导，帮助学生打开知识的门扉，端正思维的方向。切忌用"满堂问"来代替启发性教学。

（3）科学性原则。发展学生的创造性思维要根据学生的实际水平和教材的内容，在一节课内，准备的问题或所用的方法要难易适中，既不能达不到，又不能一下子就达到，要使学生"跳一跳才摸得着"。如果问题设置得难度过大，要注意设计铺垫性的阶梯，循序渐进。

创造性思维是一个多层次的思维系统，其主要特征是：积极的求异性、洞察的敏锐性、想象的创造性、知识结构的独特性、灵感的活跃性。

培育创造性思维的方法多种多样，并非只有几种方法，但实践证明，以下这几种方法是有利于学生创造性思维特点和品格养成的。

（1）培养创造性思维氛围。

人的创造才能不是天生的，而是后天习得的。一个人创造才能的形成和发展，除个人努力外，还有赖于教育和环境的影响。良好的创造性氛围，可以促使创造人才成群出现；不良的甚至恶劣的氛围，可以扼杀创造人才的出现。为此，学校必须做到两点：一是要正确认识并正视对创造性思维的培养；二是必须改变历来偏重于传授知识的培养目标，把重心转到培养学生求知欲、独立性和创造性思维上来。

（2）培养学生敏锐的观察力。

大凡具有杰出成就的科学家、艺术家和政治家，无不具有敏锐的观察力。我们要保护好学生强烈的好奇心和求知欲，这是观察的原动力。要教会他们观察的方法和技巧，引导他们去观察社会、观察大自然，让他们在观察中发现问题、提出问题，使他们的创造性思维得到更多的锻炼和发展。

（3）教会学生联想和善于想象。

培养学生的联想和想象能力是发展学生创新思维必不可少的条件和重要内容。爱因斯坦曾说过："想象力比知识更重要，因为知识是有限的，而想象力概括着世界上的一切，推动着社会进步，并且是知识进化的源泉。严格地说，想象力是科学研究中的实在因素。"在大胆鼓励学生展开想象的同时，要丰富他们的生活经验，给他们提供自由想象、独立思考的情景条件，鼓励他们大胆幻想。

（4）教会学生发散性思维。

教师在教学中要多组织一些一题多解、多路思考的活动，看谁想的办法多就给予鼓励和肯定；也可以对语文课上的结尾进行扩散性思维。特级教师钱梦龙说："教学的艺术就是想方设法鼓励学生的艺术。"他有一句名言：我提的问题没有标准答案，怎么想就怎么说。

（5）培养学生的独创性思维。

在科学殿堂里，大凡能登上一席的，往往都是一些标新立异者。他们往往独辟蹊径，自成一家。对中小学生来说，要培养他们敢于坚持自己的观点，敢于向权威挑战的精神；尽量引导学生突破定式的约束，推陈出新，不落俗套；要尊重他们不同寻常的提问、想法。

（6）培养学生的操作能力。

操作能力对检验创新思维的正确与否有着重要作用，几乎所有发明家都从小自己制作各种模型。牛顿小时候喜欢制作风筝等，爱迪生小时候喜欢实验。应鼓励学生创造性地制作各种学具，对特别爱好者要给予重点培养。

第三章

学科教学中的创新教育

创新教育给课堂教学注入了生机，使课堂迎来了一个崭新的时代。我们的教学不再是仅仅让学生学到知识，更重要的是让他们学会思考，学会生存，学会做人，学会生活，学会创造，为他们的全面发展着想，为国家着想，为中华民族的伟大振兴着想，这才是我们教育教学的方向。愿所有的教师都能以"创新"为指导，全面落实素质教育，以提高课堂教学质量为己任，共同铸就教学辉煌的明天。

第一节　初中语文课堂教学中的创新教育

要在初中语文课堂教学中实施创新教育，首先应该明确中学语文教学创新教育的总体特征和对教师的基本要求。创新教育是根据有关创造性发展的原理，运用科学、艺术的教学方法，培养学生的创新意识、创新精神和创新能力，造就创造型人才的一种新型方法。创新教育作为一种全新的教育理念和教育方法，必将给语文教育界带来全新的气象和崭新的面貌。初中语文作为一门基础学科，是进行创新教育的重要载体。我们要结合中学语文的学科特征、学生的年龄以及教材的具体特点，运用多样化教学方法，引导学生自主学习的欲望，培养学生自主学习的意识，让学生养成创造性的思维模式。

一、启迪兴趣，为创新打开大门

如果一个老师有能力把学生的学习兴趣调动起来，那他就成功了一半。兴趣对求知、对创新的重要性是不言而喻的。我国古代教育家孔子说："知之者不如好之者，好之者不如乐之者。"也就是说，学习知识要有兴趣，如果学生情绪不高，兴味索然，心理上无准备，感知生理器官呈闭滞状态，还谈何创新？相反，如果很好地激发了学生的兴趣，使他们达到了想求明白和想学习那种跃跃欲试的地步，学生的创新能力才能进一步提高。为了刺激学生的兴趣，教师可以根据教学目的和要求，应用灵活多样的形式来启迪学生的兴趣，为创新打开大门。

二、营造创新的教学氛围，激发学生的创新精神

课堂是学生学习知识的主要阵地，学生是学习的主体。教师的教，必须服务于学生的学，作为一条辅助线贯穿于学生的整个学习活动之中。改变"教师中心""教师权威"的观念，变师生关系为朋友关系，把"讲台"搬到学生中

间去。在创新教育的课堂教学中，不能只有教师的活动，学生必须参与。要有学生充分动脑、动手、动口的时间和空间，创造一个宽松的课堂，使课堂气氛变得和谐、活跃，鼓励学生创新，从而使学生敢于创新。

新课标倡导"自主、合作、探究"的学习方式，无疑是请老师"闭嘴"，放手让学生质疑释疑，这给我们的语文课堂注入了一股活水。课堂上笔者坚持民主教学，努力营造民主、平等、充满信任的氛围，让学生产生自觉参与的欲望，大胆表达自己的想法和创意。笔者经常鼓励学生多动脑、多质疑、多发现，大胆想象、大胆发言，以活跃其思维。如对主观题、开放题等的回答，只要他们言之有理、合乎逻辑，笔者都及时给予肯定，让他们感受成功的喜悦，不拘泥于一个答案，以激起他们的创新意识。鼓励学生创造性思维，具体地说，是在问题情境中，对已有信息进行改造加工并提高它们之间的联系，生成新的信息的高级反应过程，是一种创造性的思维活动。它可分为发散性思维、逆向思维、批判性思维等形式，当然也包括幻想，"幻想也是创造性思维活动"。

三、改进教学方法，渗透创新教育

传统的语文教法没有很好地遵循学生的认知规律，教师是注射器，学生是接收容器，结果往往是事半功倍。教师教一篇课文常常是五大块：时代背景、作者简介、段落大意、中心思想、写作特点。这些与培养学生的创新能力毫无关系，因此也就谈不上什么创新教育了。由于没有注入创新因素而导致教师说得头头是道，而真正听、说、读、写能力方面的训练内容则显得苍白无力，教师一时口舌快活，而学生却"雾里看花"，临考前总搞题海大战、时间+汗水、日光+灯光，这样就几乎抹杀了所有的创新能力，因此必须改进教法。要考虑：（1）怎么样才能激发学生的学习兴趣。"如果一个老师有能力把学生的学习兴趣调动起来那他就成功了一半。"兴趣对求知、对创新的重要性是不言而喻的。（2）如何才能培养学生良好的学习习惯。良好习惯的形成，是学生主动掌握知识的先决条件，掌握一定的知识又是创新的先决条件，可见这一点也是很重要的。（3）培养学生顽强的意志品质。有了兴趣和习惯还远远不够，要有坚强的毅力和不达目的绝不罢休的精神，才能激发学生创新的潜意识。（4）在拓宽语文学习的空间上改进教学方法，要大胆走出课文、走出课本，让课内长骨、课内长肉，让潜在的创新意识大展宏图。

四、调动学生的学习积极性，激发学生创新意识

问题是创新的关键，它可以调动学生的学习积极性，激发学生的创新意识。所以，一方面，教师要善于提问题。要做好这项工作必须注意以下三点：首先，质疑的目的性要明确，不可随心所欲，要根据本节课的教学目标和学生的实际情况而定。其次，质疑要有利于学生进行正确的思维，疑难要设计得科学、严密但也要兴趣盎然，避免呆板枯燥。最后，还要有一定的难度。所谓难度，就是教师要设疑给学生解，让学生有所逾越。古人云："为学患无疑，疑则有进。"有疑难，才能激发学生的学习情绪，使学生群情激昂地进行讨论，或者全神贯注地探索思考，从而激发学生创新。另一方面，教师要善于启发学生提问题，课堂一定要设计提问的环境，使学生想问、敢问和善问，使学生的创新能力充分地发挥出来。

五、搞好知识传授，为创新打好基础

首先，一个没有知识或者知识贫乏的人是很难进行创新活动的，放眼历史，所有的发明都是在知识，特别是相关知识积累到一定程度时才得以形成，因此学生掌握知识的质与量影响着学生的创新能力，创新能力的体现要以知识为基础，要以知识为前提。其次，教师不仅要传授知识，而且要帮助学生理解知识。学生只有对教师所传授的知识具有充分深入的理解时，才能在旧知识的基础上进行创新。理解得越深，思考的时间越长，就越接近创新的结果，体现出来的创新情绪、勇气和耐心越好，越容易形成创新。最后，创新能力的体现离开实践活动是不可能的，知识的运用为创新提供现实可能性。也就是说，如果没有知识的运用过程，就不可能有创新的产生。

六、发散思维给创新插上翅膀

初中语文课本选取的古今中外名篇佳作颇丰，内容上有自然美、社会美、艺术美、科学美，形式上则有结构美、节奏美、语言美。所以教师可以用适当的问题引导学生在理解的基础上去欣赏、体味这些名篇，使学生获得身心的陶冶和情趣的升华；使学生的创新不仅仅局限在课文内容上，而且可以拓宽到课文的深处。例如，美学教育和德育教育。这就要求教师一方面要加强自身的美

学修养，另一方面及时地对学生进行德育教育。在实践中勇于探索、积累经验、寻找规律，结合一些恰当的问题给学生讲一些美学理论，让学生在对作品的分析理解中认识每一种具体的美。例如，在《安塞腰鼓》一课中，主要让学生读，然后提出问题：应该怎样读？你的体会是什么？最后结合教师讲评，让学生感受安塞腰鼓所体现出来的生命美和力量美。同时，一个人的德育好坏在人的一生中是至关重要的。在语文教学中可根据不同的课外内容来解决这个问题，可及时地对学生进行德育教育，用故事中的人物的高尚品德来感染学生，用文章所体现出来的积极内容来陶冶学生，给学生的创新插上翅膀。

七、开展语文实践活动，在课外阅读中创新

语文是最开放、最容易和社会生活发生联系的学科，应打破课内与课外、校内与校外的壁垒，使其成为一泓活水，学生在丰富多彩的语文实践活动中学语文，用语文，长才干，学做人。语文教学的真谛就在于引导学生走近生活、观察生活、体验生活，使生活成为语文的内容，使我们的语文教学充满活力。

阅读是吸收知识的重要途径，是创新能力形成的重要基础。研究表明，一个人的阅读能力与未来的学习成就有密切的关联。学生阅读经验越丰富、阅读能力越高，越有利于各方面的学习，而且越早越有利。一个人的健康成长离不开阅读活动，任何有成就的人无不从阅读中并持续从阅读中获得知识，培养性情，汲取营养和前进的力量。阅读是语文教学中最基本、最重要的训练。中学语文阅读教学的目的是激发青少年的阅读兴趣，教会他们阅读的方法，提高他们阅读的能力，活跃他们的思维，开阔他们的视野，培养他们的语感和创新能力。课外阅读是课内阅读的继续和补充。课内学方法，课外求发展。课内是有限的，课外是无限的。学生课外阅读既能巩固和扩大课堂教学成果，又能提高学生的阅读能力和写作水平，所以在教学中，教师应有意识地加强对学生课外阅读的指导。

初中语文教学肩负着极其重大的责任，是一项艰巨的工作。同时，创新教育也是一个崭新的课题，语文教学需要创新教育为它注入活力，让它向更加正确、健康、文明的方向发展。当然，创新教育这一课题，也离不开语文教学这一庞大的载体，只有把创新教育巧妙地融入语文教学，并从某种程度上指导语文教学，才能推进语文教学整体改革，提高素质教育水平。

第二节　初中数学教学中对学生创新意识的培养

创新是一个民族进步的灵魂，是一个国家兴旺发达的不竭动力。创新意识是理性思维的高层次表现。对数学问题的"观察、猜想、抽象、概括、证明"，是发现问题和解决问题的重要途径。对知识迁移、组合、融会的程度越高，显示的创新意识也就越强。创新意识表现为：对新颖的信息、情景和设问，选择有效的方法和手段分析信息，综合与灵活地应用所学的数学知识、思想和方法，进行独立的思考、探索和研究，提出解决问题的思路，创造性地解决问题。

创新意识更重要的意义是能够应用这些知识和方法解决数学中及现实生活中的比较新颖的问题。通过数学的学习和训练，在知识和方法的应用中提高学生学习能力和基本素质，形成科学的世界观和方法论。

在数学教学课堂上，教师起着引导者、管理者的重要作用。而课堂作为培养学生创新能力的重要基地，必须与教师的教学紧密配合。因此，教师自身必须具备创新精神和优秀的创新能力，在课堂上积极引导学生，开发学生的创新思维。相反，那种"填鸭式""满堂灌"的教学方法是很难培养出具有创新意识和创新能力的学生的，在那种形式下学生只能变成接收知识的容器。而这是新课改标准中坚决抵制的。实际上，教师作为榜样，其言谈举止对学生的影响不仅广泛而且深刻。学生在课堂上，能够受到教师潜移默化的影响。故而，数学教师不仅要积累丰富的专业知识和教学技能，更要改变传统陈旧的思想观念，结合行之有效的教学方法，建立亲密的师生关系，不断培养出具备创新精神的学生。

1. 鼓励参与，培养学生主体意识

要培养学生的数学创新意识，就必须让学生积极展开思维，主动参与教学过程，充分发挥自身的主体地位，教师创造一种和谐民主的教学气氛。教师要尊重学生、相信学生，让学生当"主角"，鼓励、培养学生的好奇心和探索精神，在教与学中倡导相互合作，使学生成为学习的主体，能主动地参与教学活动的全过程。对于一些创新的新路子，一些不完整但却显露可贵苗头的见解，要给予肯定，允许学生提出与教师相反的问题与想法，质疑是求异的开始，是探索真理的火花，教师一定要抓住时机，给予保护，给予鼓励，绝不能因为问题新奇或意外，而给予训斥或置之不理。

2. 创设问题情境，培养问题意识

创新包含着问题解决，"问题解决"能力是数学能力的集中体现。要强化"问题意识"，充分体现对问题的处理过程和解决方案的制订过程，既磨炼了学生的意志品质，又培养了学生解决问题的能力。在课堂教学中，创设问题情境，设置悬念能充分调动学生学习的积极性，使学生迫切地想要了解所学内容，也为学生发现问题、解决问题创造了理想的环境。

（1）培养问题求解意识与问题分析意识。勤读书，多收集资料，然后进行去粗取精、去伪存真；学会多角度分析、判断；运用集体和小组的讨论，寻求多方面的考虑；培养求知欲和败不馁的勇气与毅力。

（2）培养创新设计、解题的意识。提倡学习中的民主、容忍异议；肯定身边别人与众不同的创新意识；从创新设计和解题中再寻找解决问题的能力。

3. 从创新教学模式中培养创新思维能力

要培养学生的创新思维意识，改革传统的以传授知识为主的教学模式已迫在眉睫。在数学教学中，必须强化学生的交流意识、合作意识，教师要不断更新教学观念、吸收新知识和运用新方法。具体做法如下。

（1）培养敏锐的观察力和大胆猜测的思维习惯。观察是创新的基础，只有通过观察才会发现问题、思考问题，同时，对观察的现象进行适当的信息分析，也容易触发对一般结论的猜测。对深层次关系的预感，这是一种可贵的创新素质。因此，教学中我们对此特别重视。我们要求学生大胆预测，再引导学生做特殊化的观察，印证自己的猜想。另外，观察也可以发现错误，观察错误又可能发现其合理因素，并由此找到修正错误的方法途径。

（2）增加教学的趣味性，激发学生的好奇心和求知欲。好奇心是科学发展的巨大动力，是创新意识的集中表现。如果没有好奇心和求知欲，就不可能产生对社会和人类具有巨大价值的发明和创造。教师要善于激发学生的好奇心，培养学生的求知欲。

实践证明，教学中充分激发和利用学生的好奇心对提高教学效果是十分有益的。

（3）培养发散思维的习惯与联系思维的能力。当前数学教学的弊端之一就是题型教学，容易使学生形成思维定式，严重抑制了学生的创新思维能力。我们应该认识到，数学教学中的每一种方法，同时也会使学生在处理这类问题时产生思维定式。同样地，形成联想、类比联想、相关联想等多种联想思维方式，数学教学中同样应尽可能地进行相应的训练。

（4）引入开放题，培养思维的开放性。通常情况，都是在教师引进开放题，学生参与的情况下解决问题，使学生在问题解决的过程中体验数学的本质，品尝进行创造性数学活动的乐趣的一种形式。开放性教学中的开放题一般有以下几个特点：一是结果开放，对于一个问题可以有不同的结果；二是方法开放，学生可以用不同的方法解决这个问题，而不必遵循固定的解题程序；三是思路开放，强调学生解决问题时的不同思路。

（5）鼓励设问解疑，培养创新能力。大胆设问、勇于解疑是所有创造的前提，因此，教学中教师要鼓励学生有目的地设问，让学生自己发问，自然地构成循序渐进的问题链。它诱导学生不知不觉地参与了教学的全过程，使学生沿着设问、解疑的阶梯，逐步迎来胜利的曙光。毋庸置疑，这种民主、开放的教学氛围，对于培养学生的洞察力、探索创新能力以及追求真理而百折不挠、锲而不舍的拼搏精神，都具有十分重要的意义。

（6）善于联想类比，培养创新能力。在教学过程中，若能恰当地利用已有的知识，联想类比，以旧换新，这对于揭示知识的形成过程，激发和培养学生思维的积极性和创造性，都能起到启迪、开拓的作用。营造教学氛围，使学生在旧知识的温习中，发现了打开新知识宝库的钥匙，在探索知识奥妙的征途上，创造地迈开了自己坚实的一步，表现了极强的思维积极性和探索毅力，培养了学生的创造意识和创新能力。

（7）注意情商培养，激发学生创新思维意识。情商是一种控制情绪的能力，是一种非智力因素。学习一方面是感觉、思维、知识、智慧的过程，另一方面是感受、情绪、意志、性格的过程。要完成对数学课堂的学习，取得较好的效果，必须借助于良好的情商做中介。信心、决心、忍耐力、毅力、责任感等方面的因素对学习的动机、方法和效果有直接的影响。对学生在创造培养过程中情商的培养主要从两个方面入手：一是以数学的广泛应用性滋润学生，而广泛应用的过程就是创造性解决问题的过程，使其树立为未来而学好数学的坚定信念。教师要注重从实际生活中抽象出数学问题，引导学生把数学应用到生产实际和现实生活中，使学生感到"生活中处处有数学，处处有创造，处处有创新，没有创新就没有生命力"，促使其萌发学好数学，创造性地去解决实际问题的意愿。二是以数学自身的魅力和创造性思维产生的愉快去感觉，使其在愉快的情绪中产生创造的信心和动机。引入数学史上的教学成功案例，激发学生强烈的自豪感，激发学生为赶超世界水平而刻苦学习的动力。这有利于培养学生锲而不舍追求成功的信心和能力。而许多辉煌成果的取得往往来源于数学家敏锐的观察、孜孜不倦的追求和创造性的思维。这种过程本身就是对学生情商最好的培养。

4. 加强各种思维的训练，挖掘学生的创新潜能

要培养创新人才，必须对学生加强各种思维的训练。思维是智力的核心，而教学中应给予学生足够的思维训练。在教给学生一般的思维方法的同时，注意寻找各种思维训练的序列，使思维训练循序渐进，就能培养学生的创造能力。所以，我们在各种教学中很注意培养学生思维的主动性、准确性、深刻性、敏捷性和批判性，也注意培养学生的辩证思维、形象思维、逆向思维、求异思维、发散思维等能力。这样一来，就避免了由于单纯传授某种解题技巧而造成的头痛医头、脚痛医脚，治标不治本的毛病。长此以往，学生的审题能力、解题能力、运算能力得到较大的提高，加强各种思维的训练，挖掘学生的创新潜能，坚持数学教学的时代性与新颖性，提高学生的创新能力。

实行探索和创新，培养科学评价的创新意识。从流畅性、变通性、独创性角度定制评价的尺度，从新颖性、科学性、实用性角度定位评价的价值观。社会对学生的创新表现要求：以鼓励、尝试探讨为宜，要有较宽的知识面；扎实地进行各科文化课的学习，丰富自己的间接知识经验；广泛参加各种科技活动和社会实践，丰富自己的直接知识经验，要学会捕捉灵敏意识的方法。

人贵在创造，创造思维是创造力的核心。培养有创造意识和创造能力的人是中华民族振兴的需要，让我们共同从课堂做起。

第三节　初中英语课堂教学中的创新教育

一、实施创新教育首先要转变教育观念

奈斯比特曾说："处于伟大的知识经济时代，我们最需要的是创造力和创新精神。"而传统的英语教学则是以教为中心，以学生为知识容器，严重压制学生的创新欲望。由于对学生的兴趣及个性差异重视不够，学生把一门极具教学美感的课当成了"苦差事"，全无愉悦感。教师也希望通过"苦干"出成果。千篇一律的语言分析和机械模仿形成了沉闷压抑的教学环境。所以，转变旧观念，建立新思想，对广大教师来说是一种重要的、急需的变革。

转变教育观念不应当是一个空泛的概念，而应当有具体的内涵。从全面实施素质教育方面看，我们应当从以下几个方面实现切实的转变：

（1）转变学生观。教师要以人为本，相信潜能，相信学生能够独立学习、自主学习，要用发展的眼光看待学生，相信每个学生都有很大的可塑性，是不断变化发展与进步的个体，是具有发展潜能和独立个性的人。

（2）教师不仅要重视知识传授和能力培养，更应重视激发和培养学生的学习兴趣，使他们形成有效的学习策略，养成良好的学习习惯。

（3）在教学内容上，要从单纯的语言教学转向既学语言又学文化和科技知识，陶冶情操，健全人格，培养人文精神。

（4）在教学方法上，既要有中国特色，又应学习国外先进的教学方法，不仅研究教法，而且研究学法，这些方法都要以培养学生的思维方式、思维品质为出发点，以便真正实现培养学生创新能力的目的。

二、营造宽松和谐的学习环境，是实施创新教育的保证

美国心理学家阿瑞提对个人创造力提出了十分独特的见解，他认为，与集体活动相补充的"单独性"，与紧张学习工作状态相对比的"闲散状态"，与理性思维相反的"幻想"，以及摆脱禁锢的"自由思维"，是培养创造力的重要条件。因此教师在平时教学中应关爱学生，信任学生，尊重学生，师生间形成民主、平等的人际关系，使学生身心愉悦，有安全感，形成积极向上的精神状态和健康的心理。只有不断创设这种宽松、和谐的学习环境，学生的思维才会不受束缚，他们才会自主学习，才可能去探索、去创造。试想一个冷言厉色的教师，加上死板、威严、命令、训斥和惩罚的课堂环境，又怎能激发学生学习语言的交际欲望，发挥创新的思维，开掘创造的潜力呢？因此，要建立开放的师生关系，让学生充满自信，积极思维，大胆发言，使教学建立在学生自主活动与探索的基础上。同时，经常在课内外采用肯定性和激励性评价方式来激励学生。对于学生回答的问题，注意发现其闪光点，并及时反馈给学生。对表现欠佳的，切不可加以斥责或冷嘲热讽，可以说"Make it easy."（别紧张）、"Try it again."（再试一次）、"I believe you can do it better next time."等鼓励性的话。这样我们才能顺利地实施创新教育，使教学活动达到预期的目的。

三、培养学生的参与意识和协作精神

教学中要注意发挥教师的指导作用和学生的主体作用。首先，要为学生提供参与教学的机会，不断激发和引导他们的学习兴趣，为他们提供更多的思考和创造的时间与空间。创设切实可行的教学活动，引发学生跃跃欲试的心理，学生在亲自参与活动获得成功的过程中，体验到成功的喜悦。其次，要加强课堂讨论，强化学生的竞争意识和创新意识，培养学生提出问题、探究问题和解决问题的能力。在教学中教师可给学生留出一定的思考时间，让学生用英语进行探讨。

英语课堂教学活动，不仅仅是语言知识的传授和能力的训练，更重要的是师生之间、学生之间在信息传递和情感交流中思维的碰撞和新信息获取的过程。课堂上开展Group work，Team work，Pair work等教学活动，要以小组成员合作性活动为主体，以小组目标达成为标准，以小组成绩奖励为评价依据，师

生在小组内相互讨论、评价、启发、激励，从而拓展学生的思维空间，提高学生的创造思维能力。

四、英语课堂教学中实施创新教育的途径和方法

英语课堂教学要创新首先要树立正确的学生观，教师要以人为本，相信潜能，相信学生能够独立学习、自主学习，相信学生都有很大的可塑性，相信学生是不断变化发展与进步的个体，所以教师在课堂教学中要"因材施教"。教师的任务是教会学生学习，而不应把学生看作只会输入的"机器"。所以，笔者认为，我们的教学应是在保护孩子天性的同时，据其年龄和语言特点，激发学生学习的兴趣，使学生感到学习是一件愉快的事情，让学生在轻松、愉快的气氛中学习。

1. 巧设问题，培养学生英语思维能力

问题是思维的起点，任何思维过程总是指向某一具体问题的。问题又是创新的前提，创新都是从问题开始的。科学的发展史就是对奥秘的探索和对问题的解答的历史。在中小学中实施创新教育，课堂教学的重要策略之一就是要强化学生的问题意识。巧妙设疑，培养学生的创新思维能力。著名教育家陶行知先生说："发明千千万，起点是一问。"一池死水，风平浪静，投去一石，激起千层浪。教师的教学在于善于设疑、巧于设疑，善于激疑，撞出学生思维火花。同时教师应善于引导学生于无疑处觅有疑，有意训练学生发现问题的能力。在教学中教师可精心设计一组类似的问题，使学生沿着教师引导的逻辑思路步步深入，达到恍然大悟、触类旁通的目的，也可使学生按教师的指导自己去发现、探索，并得出结论。

2. 创设教学气氛，给学生安全感、自由感

对于小学英语教学来说，小学生初次接触到英语时是充满好奇的，但英语毕竟不是孩子的母语，一旦他们在学习中碰到挫折或失去了对英语最初的神秘感，学生的兴趣就会日渐消退，这时必须借助于激励的手段，这种激励可以来自教学，更可以来自评价。教师对学生的态度应该是"微笑和点头，专心听他说，鼓励和赞美"。教师在平时的教学中要关爱学生、信任学生、尊重学生，建立民主、平等的师生关系，使学生身心愉悦，形成积极向上的学习状态和健康的心理。

3. 培养学生的参与意识和协作精神

教学中要注意发挥教师的指导作用和学生的主体作用。首先，要为学生提供参与教学的机会，不断激发和引导他们的学习兴趣，为他们提供更多的思考和创造的时间和空间。教师可以在课堂上开展游戏和竞赛，促使学生参与。小学生天性好强，游戏和竞赛是有效培养兴趣的方法之一，他们的作用就是在教学中尽可能把枯燥的语言现象转化为学生乐于接受的生动有趣的游戏和竞赛形式，为学生创造丰富的语言交际情景，使学生在玩中学，学中玩；而且游戏和竞赛要求学生共同参与，不仅体现了教师主导地位和学生主体作用，而且避免了一部分孩子注意力不能够长期集中，容易分散的心理特点。其次，要加强课堂讨论，强化学生的竞争意识和创新意识，培养学生提出问题和解决问题的能力。

4. 运用多媒体优化教学

传统的教学资料主要是书本、图片、录音等，这些有限的途径向学生传达的知识和信息是非常有限的，而且缺乏灵活性和交互性。随着多媒体课件的开发和普及，我们可以通过电脑制作或光盘、网络等途径来获取文字、图像、声音、动画等多方面的信息，使教学内容更丰富，教学方法更多样，给学生提供更多的双边活动，拓展学生创新思维。这种高信息量、高效率的教学方法让学生在老师的引导下动眼、动脑、动口，对拓展学生的思维起到巨大的作用。多媒体可以使学习时间更加灵活，效率更高。每周三节的课堂英语学习，对于语言学习是远远不够的，尤其是在学习的初期，因为掌握一种技能需要反复地练习。在传统的教学中，很难提供大量的学习时间，技能的反复练习更是难以做到。即使进行练习，反复的枯燥练习也很容易让学生厌烦。而通过多媒体，教师可以在有限的课堂时间内，组织不同形式的活动来促进学生反复练习，更为重要的是，学生可以在课外使用多媒体来进行自我学习。

5. 重视学法指导，培养自学能力

教给学生学习方法是优化教育的重要原则。古人云：授人以鱼，不如授人以渔。这就是说教师不仅教给学生知识，更重要的是教会学生获取知识的方法和本领，以适应竞争日益激烈的社会需要。著名教育家叶圣陶说过"教是为了不需要教"，"不教是为了养成学生有一辈子自学的能力"。因此，指导学生正确的学习方法，培养学生良好的学习习惯和自学能力，激发学生学习的积极

性是创新教育的关键所在。培养学生自学能力的途径有：创办英语学习小组、举行英语朗读比赛、排练英语小短剧等形式。通过这些形式尽可能让学生动脑、动口、动眼、动手，使他们从中受到激励、启发，产生联想、灵感，增添创造意向，训练和培养创新能力。

第四节　初中物理课堂教学中的创新教育

物理是一门以实验为基础的自然学科，它与社会生活联系紧密，以物质的结构、物质之间的相互作用和其运动变化规律为研究对象，具有科学性、实用性、趣味性等特点。根据这些特点，在物理实验教学中，如何进行创新教育呢？笔者从以下几个方面进行了尝试。

一、转变教学观念，树立创新教育的实验教学指导思想

物理实验教学的目的，不仅是验证原理，让学生理解和掌握已有的书本知识，更重要的是培养学生的科学素质，激发学生爱科学、学科学的兴趣，培养学生的创新能力和实践能力。因此，必须改变传统的"教师讲、学生听，教师演示，学生观看"的实验教学方法。在实验教学中，要求教师从学生的实际能力入手，备教材，备教法，备学生。在教学过程中，使学生的思维一直处于积极探求状态。

二、充分利用物理趣味实验，创设乐学情境，激发学生求知欲

兴趣是最好的老师。初中学生对生动形象的物理实验普遍怀有好奇心和神秘感，合适的实验不仅能帮助学生理解和掌握知识，而且能激起学生的兴趣，启迪其思维定向探究。

可以利用惊奇实验导入新课。这是一种相当普遍的实验导入方法。利用学生意想不到的奇特现象，唤起学生的注意，引起学生思考，从而产生强烈的求知欲而导入。例如，"大气压"是比较抽象的概念，新课引入先演示窄口瓶"吞"鸡蛋的实验，这奇迹般的现象一下子就吸引了学生们的注意力，先把答案告诉学生，这就是大气压现象，那么什么是大气压呢？在学生兴趣被激发的

情况下转入新课教学。当学生明白大气压的概念后，为了加深印象，将一只玻璃杯灌满水，用一张塑料卡片盖在杯口上，再按住卡片把水杯倒过来。问，当把手移开后，会产生什么现象？松手后学生惊讶不已。纷纷议论，这大气压到底有多大？为了满足学生的好奇心和求知欲，将抽去空气的马德堡半球示出，叫学生推选两个力气最大的男同学来拉，结果用尽力气也拉不开，再换四个不服气的同学，还是没有拉开，当把进气阀门打开后，一个人就很轻松地把两半球拉开了。学生既惊奇又信服，对"大气压不但确实存在而且又很大"的结论深信不疑了。

也可以在教学过程中利用实验引发新的问题。例如，在浮力的授课中，为了引发浮力的产生是由于液体对物体上下表面的压力差而形成的，设计了一个这样的实验：用一只塑料可乐瓶剪去底部（瓶颈的截面直径略小于乒乓球的直径），把一只乒乓球放入瓶内，从上面倒入水，观察到有少量水从乒乓球与瓶颈缝隙中流出，但乒乓球并不上浮，在这种情况下，老师设问：乒乓球是否受到了浮力？有的学生认为受到了浮力，有的学生认为没有受到浮力。这时叫一位学生用手堵住瓶的下部流水处，可观察到乒乓球浮起，学生感到好奇，也坚信此时乒乓球受到了浮力，那第一次实验为什么没有受到浮力？学生感到疑惑。于是慢慢引导他们，学生很快理解了浮力产生的原因。这样通过实验情景，提出问题。使教学信息具有新奇性，从而使学生产生好奇心和求知欲，极大地激发了学生的探索动机和兴趣，有利于培养学生的创新意识和解决问题的能力。

三、给学生多动手实验的机会，培养学生的实验技能

初中物理实验是学生将来从事科学实验的起点。因此，在物理实验课的教学中，必须重视培养学生的实验技能和独立工作能力，使学生养成良好的实验习惯。每次做实验时，教师要指导学生弄懂实验原理，学会正确使用物理仪器，掌握计数、读数和处理实验结果的技巧，能够通过分析、推理得出正确结论。比如在电学实验中，教师要反复强调电流表、电压表的连接特点及"＋""－"接线柱的接法，让学生学会用欧姆定律正确估算量程，避免量程过大使测量值的误差大，又避免量程过小而烧坏仪表。学生掌握了基本实验技能，就能独立动手操作，打好实验的基础，有了这种基础，学生就能自主地探

究其他电学实验。例如，探究水果电池的电压，探究串、并联电路的电流电压的规律等，这样通过实验，不仅有效地帮助学生领会物理知识，更重要的是通过观察实验现象，分析和解决实验中的问题，能够培养学生的创造性思维能力。

鼓励学生做好课外小实验、小制作，促进学生对教学内容的学习。各种物理实验，从某种意义上说，都是一种特殊的、直观的实践，学生在动手完成各种小实验、小制作过程中，思维异常活跃，学习欲望高涨，参与意识增强，都迫切地希望进一步探索问题。通过实验，学生学习到的物理知识就比较深刻、牢固。例如，"估计大米的密度"一题，先让学生凭生活经验估计大米的密度是多大，接着让学生想出几种测大米密度的方法，然后实际做一做，最后做出评价，哪一种方法既简便易行又误差小。又如课本中"纸盒烧开水""日光灯启辉器中双金属片的自动控制作用""小风轮""电铃""楼梯开关"等小实验、小制作，有很强的趣味性和知识性，十分贴近学生的生活，符合初中学生好奇、好问、好动、好学的心理特征。教师要鼓励学生做好这些课外小实验、小制作，这样既激发了学生动手实验的兴趣，同时也推动物理教学向前发展，是实施创新教育的重要途径。

四、在实验教学中培养学生的创新精神

物理教学要教会学生知识，不仅要求学生学会，还要学生会学。创新是一种高层次的知识迁移，是利用已有信息探索新知识的能力。在实验教学中笔者注重给学生提供更多的思维机会和广阔的思维空间，激发学生求异创新的愿望，逐渐培养学生从全方位推测、假设和构思中"探视"答案以解决问题的思维方式。初中物理无论是演示实验，还是学生实验，往往给出实验方案且方法单一，无探索性，不利于创新精神的培养。笔者在教学中，以常见实验知识为生长点，进行引申，让学生发掘其内涵和外延，多角度、多方位、多层次地进行创新分析，利用尽可能多的方法来设计实验方案，并对各方案进行评价，选择最佳方案，以此来培养学生的创造性思维。

如测定盐水的密度。

方案一：（1）用天平称出空烧杯的质量m；（2）用量筒量出50ml盐水；（3）把盐水倒入烧杯中称出盐水和烧杯的质量M；（4）求出密度$\rho = M/V$。

方案二：（1）用天平称出烧杯和盐水的质量m；（2）倒入量筒中50ml盐

水；（3）称出剩余盐水和烧杯的质量M；（4）求出密度$\rho = M / V$。比较两种方案，方案二最佳。因为方案一中量筒中的盐水倒入烧杯中后质量减少了。玻璃对盐水来说是浸润的，一部分盐水附着在量筒的筒壁上，没有倒入烧杯中，所以选择方案二。

这样，让学生去设计问题，去解决问题，在解决问题的过程中，不仅使学生最大限度地获得物理基础知识和基本技能，沟通了知识间的联系，更重要的是培养了学生的创新精神。

五、建立实验教学评价中的意识创新

实验做完了，结果出来了，我们的实验是不是就结束了呢？没有！教师对教学目标的完成情况进行评估，为制定下一个目标做准备，这是一个学科目标的结束。如果说学生已经掌握了知识的重点、难点，形成了相应的技能技巧，那么教师应该对学生学习过程进行总结，学生掌握了什么，超越了什么？谁做得最好？由教师和学生总结这个经验，从而形成再创新能力，这个环节是必不可少的。

在以往的教学评价当中，往往是以学生的一次次考试的成绩来评价每一个学生，在具有创新意识的教育教学过程中，这个评价方法自然也应该有所改进，而实验教学的评价成了其中的重点。笔者认为新的评价观点应该重视学生在实验中解决问题的能力，在实际操作时就应该努力避免死板、缺乏创造力的观点，这也是笔者在今后的教学中努力的方向之一。

总之，创新教育能使学生学会学习，开发智力提高素质，增加了锻炼的机会，增强了适应社会发展的能力。而其在物理实验教学中的具体实施，也会给我们培养大量的适应现代化社会需要的人才提供一个可行的方式方法。

第五节　初中化学实验教学中的创新教育

中学化学课程目标指出，要使学生保持对自然界的好奇，发展对学习科学知识的兴趣，在了解和认识自然的过程中有满足感和兴奋感，学习基础的化学知识，养成良好的思维习惯，在解决问题或做出决定时能尝试运用科学原理和科研方法，经历基本的科学探究过程，具有初步的科学探究能力；乐于参与和科学技术有关的社会活动，在实验中有依靠自己的科学态度和科学素养提高工作效率的意识，具有创新能力，能独立思考，勇于有根据地怀疑，养成尊重事实、大胆想象的科学态度和科学精神；关心科学发展前沿，具有可持续发展的意识，树立正确的科学观，培育将科学技术服务于人类的使命感。中学化学学科是由实验和理论两个部分组成的，化学理论是人类对自然界最基本、最普遍规律的认识和概括，化学实验是人类认识世界的一种重要活动，同时，也是进行科学研究的基础。随着素质教育的深化，新课程标准的实施，对化学教学提出了新的要求，学生科学研究精神和实践能力的培养，创新意识的养成，思维能力的创新，自主学习、自主探究的习惯等与科学知识的学习同等重要，既要让学生学习初步的化学知识与技能，也要让学生经历基础科学的探究过程，受到科学态度和科学精神的熏陶，提高全体学生的科学素养，促进学生的全面发展。

化学教学中如何培养学生的创新思维和创新能力，如何开展创新教育呢？下面就中学化学教学实践中如何实施创新教育的教与学的策略问题进行探索。

一、结合现代创新教育特征，转变化学教学观点

长期以来，中学化学停留在描述化学的水平上，偏重于讲授知识，让学生去认识各种实验现象，记忆大量的事实知识，忽视发展学生对概念性知识的

理解力及对基础理论的运用能力，造成学生"高分低能"，缺乏创新能力。因此，我们应该首先转变化学教学观点。

1. 要确立以培养学生创新能力为主的教学目标

将教师"传道、授业"有意识地和学生"学道、学业"有机结合起来，充分发挥学生在整个教学过程中的主体作用，积极引导学生去发现问题，分析问题，解决问题。中学阶段的学生具有一定的独立思考能力和判断能力，思想活跃，求知欲强，可塑性强，为培养创新能力提供了心理和生理基础，这一阶段的学生还未形成自己的思维方式和解决问题的模式，知识形成速度快，阻滞因素少，是培养创新能力的最佳时机。而化学本身是以实验为基础的学科，具有引发学生兴趣和挖掘创新潜力的特征。因此，不要把化学教学变成非常枯燥的、单纯的知识教学，要根据教材精心设计课堂教学，引导学生多角度、多方面地看待一个问题，并应充分调动学生参与实践的意识，发挥学生的主体性，让"教为主导"和"学为主体"统一，用科学的方法指导学生自我发展、自我提高，在潜移默化中培养并提高他们的创新能力。比如，在介绍元素周期律时，就应围绕培养学生运用周期律熟练掌握元素性质规律，在实践中灵活运用这一目标来设计教学，这样学生就可以在以后考虑物质性质时自然而然地运用元素周期律。

2. 要尊重学生的个性与创新精神，面向全体学生培养创新能力

过去，许多人片面地认为培养创新能力只是对部分优秀学生而言，从而忽略一些成绩平平的学生。事实上，创新能力是一种与生俱来的潜在的能力，每个人都有一定的创新能力。古人常说"千里马易寻，但伯乐难求"，这其实是说许多有潜质的人并非没有才能，而是往往因为人们不善于发现他的闪光点，而使他的才能不能得到充分发挥。因此，作为一名教师，必须要有一颗敏锐的心，善于发现和注意开发每个学生的创新潜能，这样才能提升每个学生的创新能力。

二、围绕提高学生创新能力，改革化学教学方法

1. 改进理论教学方式，培养创新思维和创新能力

与传统的应试教育相比，创新教育是一种高层次、高质量的教育，它能启发、诱导、激励人们去探索、开拓、创造，充分发挥自身的特点和能力，最大

限度地开发自己的潜能和特长。因此，首先，教师的理论教学中应打破教师教学用书和学生教材的局限，打破教学内容和教学形成的封闭，应有开放的备课和开放的教学，把课堂内容延伸到与之相联系的现实生活中去。例如，在讲解氯气的用途时，可联系到自来水的消毒上；在讲解油脂性质特点时，可联系到肥皂的制备、洗涤剂的去污结构等，让学生感受到化学的应用无处不在。从而让学生懂得自觉应用化学知识去思考问题，解释一些现象，形成良好的化学学习思维。另外，把课堂内容与相关领域的新知识、新技术联系起来，把现代的教学手段如电化教学、计算机教学、多媒体教学、网络教学等引入课堂。

现代化的教学手段不仅可以使学生更好地理解和掌握化学知识，同时可以激发学生兴趣，开阔学生视野，引发学生创新思维。其次，在教学中充分发挥学生的自主性，通过"问题—讨论"式、讲演式等课堂教学，使教与学的过程变成一种渴求知识、探索知识的情意活动，学生在课堂教学中始终保持旺盛的求知欲。例如，在讲解盐类的水解时，让学生明白溶液酸碱性与H^+和OH^-浓度的关系后，提出是否盐溶液都显中性？然后指导学生进行测量相同浓度的醋酸钠、氯化铵和氯化钠的水溶液的酸碱性的实验，实验结果出来后，学生发现氯化钠呈中性，氯化铵呈酸性，醋酸钠呈碱性，然后再让学生讨论为什么。通过讨论学生发现盐溶液中的离子就是盐的阴、阳离子和水电离的氢离子与氢氧根离子。只有它们之间发生了结合，才会使盐溶液呈酸、碱、中性，即盐加入水中改变了水的电离平衡，使H^+与OH^-的浓度发生改变，盐中离子与水的H^+或OH^-结合，从而使盐溶液呈酸、碱性。通过这种"问题—讨论"式教学，学生对化学产生浓厚兴趣，能很好地调动学生的探索欲。而兴趣和探索欲可使学生不断冒出创新的火花。最后，教学中应营造创新的学习气氛，给学生思考的时间，讲课务求少而精，以学生积极参与、积极思考为主线。

2. 改进化学实验教学，在研究性学习中培养学生创新思维和创新能力

化学是一门以实验为基础的科学，教师在注重理论教学时，更要重视实验教学。因为学生不仅能从实验中认识事物，而且可以通过实验培养创新精神和实践能力。但目前我国化学实验教学大部分以演示实验和验证性实验为主。这种实验主要是对所学知识的应用和巩固。在这些过程中，学生一般只是被动地接受、巩固和检验知识，学生处于被动地位，学生的主体性得不到充分发挥，学习主动性受到抑制，教给学生的知识是预设的、确定的东西，对问题的解决只要求一种方案或答案，忽视对想象力和创造性思维的培养，不利于学生创新能力的发展。因此，应改验证性实验为探索性实验，指导学生设计创新实验。在实验中以"问题"为核心，为学生提供发现问题、解决问题的机会，则学生可在问题指导下收集资料，寻求解决问题的方案，通过实验进行观察试验，最后通过自己努力将问题解决。这也是与目前提倡的研究性学习相一致的，即改变学生单一接受性学习为学生自主探索的学习方式。

改革实验教学具体可体现在：（1）变大量的验证性实验为探索性实验，进行实验探究性教学；（2）把教材中大量的演示实验转变为学生实验，对于复杂的演示实验转变为由学生上讲台演示；（3）教师的演示实验大多是教材上没有的补充实验或自己设计组装的创新实验；（4）要求学生看书设计实验报告；（5）经任课教师允许，学生可以根据教材内容，精心安排演示实验，激发学生的求知欲。

三、重视化学课外活动，培养学生兴趣，激发学生的探究欲望，培养学生的创新思维和能力

化学课外活动是在课余时间，根据自愿原则，为学生开展的有目的、有计划和有组织的教育教学活动。化学课外活动使学生有机会把学得的化学基础知识、基本技能和科学方法等运用于化学课外的实践活动中，这可以帮助学生更好地掌握课内所学知识、技能，并能在课外实践中实现认识上的再次飞跃。通过化学课外活动，可以使学生学到课堂上学不到的新知识，以开阔学生知识视野，提高获取知识和运用知识的能力，理论联系实际、观察分析、解决问题的能力，还能培养学生追求新知识、勇于创造的精神和独立思考、独立判断以及独立工作的能力。化学课外活动内容的选择要从化学学科特点、学生的求知欲和好奇心等方面进行考虑。

四、注重对学生进行化学学习方法论的指导及思维方法的教育

实施创新教育，首先要教会学生科学的学习方法和思维方法。"授人以鱼，不如授人以渔"正是这个道理。化学理论知识、化学方法是解决化学问题的必备条件。在化学教学中培养学生的能力是指完成某项化学研究活动或者比较圆满地解决某个化学问题的能力而言，但要解决化学问题，除了具备一定的

化学理论知识，更要掌握研究化学知识的科学方法，两者缺一不可。

因此，教师在化学教学中必须以化学方法论作为培养能力的依据，才能使学生在完成感知认识到运用知识的过程中，各种能力得到系统的培养和发展。例如，学生掌握一定的观察和实验能力后，就会不失时机地抓住实验中的机遇，攻破学习中的难点。又如，学生掌握了逻辑思维方法后，将归纳和演绎方法应用于有机化学的学习，能及时准确地把握有机物的结构和性能的规律。以化学方法论作为培养能力的依据，可以有效地培养出一大批具有辩证思维，富有创造精神的化学人才。

总之，创新教育是教育发展的一种必然要求，创造充满创新活力的课堂教学，对学生思维发展终生有益。同时，让教师的劳动闪现创造的光辉和人性的魅力，这是每个教师在教学过程中要不断探索和努力实践的。

第六节　初中历史教学中的创新教育

历史科目作为实现教育教学任务的一门基础科目，同其他科目一样，其目的应该旨在为培养有思维、有见解、有创造性的人才奠定基础。教育过程中学生的创新包括有新颖的思维方式、独特的见解、丰富的想象力，善于灵活运用、勤于动手和乐于实践等。那么，中学历史教学如何提升中学生的创新意识呢？

首先，中学历史教师应该不断学习，追踪历史学科学术动态，更新已有的知识，强化自己的创新思维和能力。

中国人民大学附属中学高级教师李晓风老师曾说过："大部分青年教师成长过程中的最大问题，就是在大学毕业以后，就中断了系统的专业学习和知识更新，随着教学年岁的增长，知识日益陈旧，只剩下与中学教材相关的知识，这种情况严重地制约了中学历史教学的水平，制约了素质教育目标的落实。"事实的确如此。要想提高当前中学尤其是初中的历史教学水平，并使之与培养当前社会所需的创造性人才相适应，承担中学历史教学任务的历史教师应该涉猎历史上重大历史现象的最新研究动态，更新知识，并恰当地运用到历史教学中去，有意识地强化自己的创新思维和能力。只有这样，才能真正胜任教学中提升学生创新意识的工作。

其次，在课堂教学中，教师要努力创造条件，提升学生的创新意识。在具体教学工作中，笔者做了以下尝试。

一、营造民主和谐的氛围，激发学生的创新意识

"民主像一座搭在师生心灵之间的桥。民主的程度越高，这座连通心灵的桥就越坚固、越宽阔。"（魏书生语）民主和谐的学习氛围，是激发学生创新

意识的前提条件。在课堂教学中，教师要抑制自我中心意识，平等地对待学生，尊重学生的主体地位，与学生平等交流观点和看法，以营造和维持民主和谐的学习氛围，让学生得以生动活泼、自由地发展。初中学生具有好奇心强、接受能力强、可塑性强的明显特点，教师应让学生感到进行大胆想象、智力冒险是合理的，引导学生立足于历史事实，进行合理的想象和推测，鼓励学生敢于想人之所不想、见人之所不见、做人之所不做，勇于各抒己见，并尊重学生的不同意见，关注学生的思维过程，赞赏学生为此所付出的努力和闪现的思想火花，及时予以积极的评价，激励学生成为创造型人才，促使学生内心产生积极效应，从而优化学生的创新心理环境，激发和强化学生的创新意识。

例如，学习"澶渊之盟"内容，涉及对它的评价。学生经过短时间的讨论后，纷纷发表观点：有的说太吃亏了，明明战事对宋朝极为有利，不但没向对方要求赔偿，反而给辽岁币；有的说这种状况下给辽岁币，会让对方觉得好欺负，以后还会有人来进攻宋朝的；有的说这个条约不平等；有的说岁币最终还是要靠搜刮老百姓，加重了老百姓的负担；有的说，毕竟这个条约的签订给双方带来了和平，如果战争不结束，宋朝损失的可能比岁币多得多；还有的说，澶渊之盟对边境的和平和经济发展也起到了好的作用。每一个学生的发言都有其道理，笔者当即一一给予肯定，并指出评价历史事件不能简单用"好"或"不好"来下结论，要从正反两个方面来综合进行评价。由此又要求学生重新展开讨论，要求重新评价澶渊之盟。同学们经过充分的讨论，得出了客观全面的结论，也学习了评价历史事件的方法。同学们体会到了成功的喜悦，心理上获得了极大满足，在以后的历史课上，踊跃发言，不断有创新思维的火花闪现。

又如对谭嗣同甘愿为变法流血牺牲进行评价，就有学生说他是呆子，笔者立刻请他谈谈他对此的看法。这位学生说"留得青山在，不怕没柴烧"，立刻又有学生反驳说这体现了谭嗣同维新变法的坚强意志，并且这种不怕牺牲的精神对后来者是极大的精神鼓励。学生根据自己已有的知识，通过积极思考，从不同的角度出发，对书本的观点提出疑问，甚至在相互间展开辩论，这一行为本身就蕴含着创新思维的火花。

二、鼓励学生大胆质疑，培养学生问题意识

问题是科学研究的出发点，是开启任何一门科学的钥匙。没有问题就不会

有解决问题的思想、方法和知识。所以说，问题是思想、方法、知识积累和发展的逻辑力量，是生长新思想、新方法、新知识的种子。提出问题是学生思维活动的开始，有利于启迪学生的创新潜质。爱因斯坦曾说过："提出新的问题需要创造性的想象力，而且标志着科学的真正进步。"在教学中，教师应经常鼓励学生遇事多问几个为什么，为什么是这样，可不可以那样；鼓励学生从多角度、多层次、多方面大胆地提出问题，不唯书、不唯上；鼓励学生发表与别人不同的见解，敢于打破"常规"，敢于标新立异，引导学生把学习过程变成发现问题、提出问题、分析问题和解决问题的过程。只有善于发现问题和提出问题，才能在此基础上思考和寻求解决问题的方法。没有强烈的问题意识，就不可能激发学生认识的冲动性和思维的活跃性，更不可能激发学生的求异思维和创造思维。对于历史题材的作品及教材内容的正确性、历史人物和历史事件的评价等，教师都可鼓励学生敢于质疑，甚至要带头质疑。

例如，在学习"三国鼎立"时，对于一代枭雄曹操，笔者先请同学介绍自己所知的与曹操有关的故事，然后再请同学对其进行评价。很多同学对三国的历史很感兴趣，对《三国演义》都或多或少有所了解。于是，对曹操的评价多为"奸诈""狡猾"。然后笔者对这些同学的观点提出了质疑，认为都是站在刘备的角度来看待曹操，而没有站在祖国历史发展的高度来审视，并请同学们联系三国前后的历史知识，找证据来证明曹操对中国历史有很大的贡献。同学们立即来了兴头，各抒己见：有的同学肯定了曹操统一北方对北方经济的恢复和发展起到了积极的作用；有的同学翻看两晋历史后，认为曹操奠定了西晋统一的基础；还有的同学认为，曹操能礼贤下士、善于用人，他统治下的魏国是三国中最强大的一个，是一位英雄。在教师的引导和鼓励下，同学们展开了思维的翅膀，思维能力和方法得到了锻炼，课堂效果自然不错。

三、开展丰富多彩的教学实践活动，强化学生的创新意识

创新意识的养成离不开创新性实践活动，创新性实践活动可使学生感官与感觉并用，劳心与劳力结合，激发思维的创新发展。笔者在课堂教学中组织多种形式和内容的小组竞赛，如提问题比赛、找最佳记忆方案比赛、历史知识小竞赛、演讲比赛、讲历史小故事比赛、从历史找成语比赛、小辩论，以及历史作品欣赏（如《蒙娜丽莎》）、学唱《国际歌》、演历史剧（如话剧《屈

原》）、看电影写观后感（如电影《林则徐》《火烧圆明园》）等实践活动；在课外积极开发和利用各种课程资源，如图书馆、博物馆、历史古迹等进行读书活动、历史调查、参观历史古迹、参观博物馆、采访历史见证人等实践活动。在多种多样的教学活动中，教师引导学生自主实践，学生的创新意识和思维得以显示和发挥，学生动脑、动口、动手能力，获取和处理信息的能力，交流与合作的能力得到了增强，强化和提高了他们的创新意识和创新能力。

例如，学习"战国七雄"内容时，为了让学生准确识记七国的地理位置及名称，笔者让学生四人一组找最佳记忆方案，比一比在两三分钟内哪个小组找得最快，方案最佳。结果，同学们兴致很高，提出了这样一些典型方案：（1）按顺时针的北西南东后中间（由上至下）的地理方位来记，即燕、秦、楚、齐、赵、魏、韩；（2）按逆时针的北东南西后中间（由上至下）的地理方位来记，即燕、齐、楚、秦、赵、魏、韩；（3）地理方位口诀法，即北燕、南楚、西秦、东齐、中赵魏韩；（4）字母"f"形方位法，即燕、赵、魏、韩、楚、秦、齐。这些学生自己找出的记忆方法，记忆效果非常好。又如中国历史阶段性复习时，笔者采取了小组知识竞赛的形式，从选拔参赛选手到现场抢答、必答，同学们积极性非常高。特别是小组现场出题，对方解答环节，同学们设计了多种多样的题型，如做形体动作，请说出其反映的历史事件；出谜语猜历史人物，并讲一个有关这一历史人物的故事；用一个词语表达出对内容所涉及的历史人物的感情；等等。这些设计，充分表现出同学们的思维创造活力。

四、有意识地提供与教材相左的新观点，固化学生的创新意识

榜样的力量是无穷的。来自史学界专家的争鸣对学生基于历史事实的创新意识的强化和提升有着重要的作用。

例如，在讲到华盛顿会议时，笔者设计了这样一个问题：华盛顿会议对中国来说是一次失败的外交还是胜利的外交？同学们根据教材回答后，笔者列举了一种与教科书上的评价相对立的观点——中国在华盛顿会议上取得了外交胜利：中国自1840年与西方列强打交道以来，这是第一次没有丧失更多的民族权利，而争回了某些东西。山东权利的归还虽然带有附加条件，但已没有像日本当初提出的那么苛刻。为什么对华盛顿会议的评价会有如此大的差异呢？笔者

与同学们共同分析原因，得出了这样的结论：这种差异在很大程度上是由于观察历史问题的角度不同而产生的。传统的评价着眼于把中国在华盛顿会议上所取得的结果同最初参加华盛顿会议的愿望做比较，而第二种评价则着眼于把华盛顿会议上中国代表团取得的成绩同中国近代史上其他的外交活动进行比较。

最后，要强调的是，传授历史基础知识与创新意识的培养是并重的，如果脱离了历史基础知识的传授，那么提升学生的创新意识就成了无源之水、无本之木。轻视历史知识的传授而侧重于创新意识的提升，最终将会使创新思维意识的训练流于形式。

第七节　初中地理教学中的创新教育

创新教育是指培养学生具有创新意识、创新精神和创新能力的教育。在地理学科领域开展创新教育，具有独特的优势。地理亦文亦理，涉及自然科学与人文社会多方面的知识，综合性、实践性、时代性强，更能激起学生质疑、探究、想象和创造的欲望。因此，在地理教学中，坚持艺术化和实用性的创新教育，不仅能发展学生的地理才能，而且能养成学生超越自我、勇于创新的品格。

一、创新教育要有自觉性

在地理教学中实施创新教育，应该是教师有意识、自觉的行为。教师只有长期有计划、自觉地进行创新教育，引导学生创造性地学，激发学生的创新意识，倡导创新思维，才能培养学生健康乐观、积极进取的精神，既具有创造能力，又独具个性。

创新教育的自觉性，源于教师正确的教育观念。几年来，地理学科在学校基本处于被排斥、被忽视的地位。面对不尽如人意的现实，有的教师自暴自弃、自惭形秽，去埋怨、去等待，这样不仅适应不了环境，更谈不上有所变革、有所创新。而有的教师却能抓住时机，挣脱片面追求升学率的羁绊，确立以学生为主体的教育观念，率先着眼于创新教育，坚持面对每一位学生，想方设法地进行有目的、有计划的教育改革，充分发掘每一位学生的潜能，培养学生的自主能力与勇于探索、勇于创新的精神。

创新教育的自觉性，源于教师对学科功能的认识。地理学科在创新教育中具有独特的优势。

首先，地理学科描述了宇宙、大气、海洋、陆地等环境的基本原理、基本规律，这些丰富的自然科学知识，既能开阔学生视野，激发学生主动思考、独立判断，探索自然奥秘的志趣，又能为学生进行创造想象，提出创新观点积累素材。其次，地理学科讲述了人口、环境、资源、能源、粮食五大问题，这些着眼于未来的全球性问题，既可以培养学生具有科学的环境观、资源观、人口观和可持续发展的观念，又可以激起学生关注社会、思考现状、展望未来，进行创新活动的强烈责任感。最后，地理学科着重培养学生的地图能力、实践能力、综合能力、想象能力、求异思维能力等，这些都是未来创新活动所需要的重要能力。

创新教育的自觉性还源于教师的职业理想和职业道德，其核心是热爱教育，热爱学生，有奉献精神。如果教师能履行职责，刻苦钻研，奋力拼搏，那么才有可能去自觉进行创新教育。

二、创新教育要有艺术性

教育是一门艺术，艺术的生命力在于创新、在于改革，在于别具一格。创新教育也只有"艺术化"，才能有成效。创新教育的艺术性体现在教学过程的各个环节中。如创设一种愉悦、和谐、民主、科学、互助、进取的教育氛围，把学生置于被关心、理解、信任的情境中；将现代的教育思想、教学内容、教学形式融为一体，自然、生动、真实，不露痕迹，以"随风潜入夜，润物细无声"的渗透方式，对学生产生深刻的、持久的，潜移默化的影响；教师的教学手段现代、新颖、独创，使学生目不暇接，积极参与模仿和创新；教师的教学方法恰当巧妙、引人入胜，使学生主动思维与想象、学习与探索，并在积极的学习过程中，体验成功的欣喜和失败的焦灼，感受到自己的智慧与力量。

在地理教材中，同样有创新的内容，不同的处理方式，效果会迥然不同。有的教师所谓的创新，是空洞说教，强迫命令，揠苗助长，让学生摘永远摘不到的苹果，这不仅会使学生兴趣索然，还会泯灭学生的创造火花。有的教师超越常规，大胆进行创新，让学生自主学习。在学生质疑时，诱导他们主动去发现、去创造。在学生愤悱时，讲其所需，疏其所阻，导其所难。在学生渴求新知识时，给他们介绍新观念、新技术、新思路，激发学生的求异思维、求新意识以及无穷的创造力，使教学过程充满艺术魅力。比如，在复习"太阳和太阳系"一节时，就可以打破旧模式，实施艺术化的创新教育。教师可以结合时事政治，用电教手段，先形象展示关于"宇宙爆炸"的一些荒谬理论，接着，让学生分组讨论，运用所学的地理知识对其逐个批驳。然后派代表上台发言，如果批得不彻底，或论据不充分，其他学生可以自由上来补充。由于是大家耳熟能详的事，学生情绪高涨，争先恐后，据理力争，教室里洋溢着愉悦、民主、科学的气氛。学生既感受到源于科学的力量，又体验到源于自身才能的满足。为了进一步点燃学生的创造火花，在学生意犹未尽之时，教师继续追问：地球如何抵御来自宇宙天体的撞击？如果地球真要爆炸了，那人类该如何应付呢？人类对宇宙空间的探索应着眼于什么？对于这些问题，学生往往兴趣浓厚，想象丰富，思维活跃，回答五花八门，表现出强烈的创新意识，以及探索空间奥秘的信心。

三、创新教育要有实用性

教育是未来的事业，学校为未来培养人才。这就决定了创新教育的主要目标必须是培养具有适应时代发展的综合素质人才。据专家预测，未来21世纪的创新人才，其核心素质是自我更新能力、实践运用能力、创造能力、发散思维能力和创新精神。因此，在中学学科领域中实施创新教育，不能搞花架子，要实实在在，要有实用性，要为学生将来更高层次的创新打好坚实的基础。

1. 培养学生的自学能力

有句格言说道："如果上帝一手拿着真理，一手拿着寻找真理的能力，任凭选择一个的话，我宁要寻找真理的能力，而不要真理。"确实，如果有了寻找真理的能力，那么自己就可以去发现更多的真理了。同样地，如果教师培养学生的自学能力，学生就能自己去发现、去了解、去掌握更多的知识了。因此，创新教育要求我们：教学不仅要教学生"学会"，更要教学生"会学"。不仅要传授某种知识，更重要的是培养获得这种知识的能力。自学能力对于学生来说终身受用，是未来获取新知、自我更新、自我完善的不竭源泉。

在地理教学中，教师可以经常采用程序教学法，或者以自学为主的五步教学法，通过目标定向、个体自学、分组讨论、综合演绎、自测自得等，创造条件引导、训练学生自学，养成学生的自学习惯，让学生看到自身蕴藏着巨大的学习潜力，使学生真正成为学习的主人、学习的主体。

2. 重视训练求异思维

求异思维与求同思维是创造性思维的主要成分，而求异思维也称"发散思维"或"开放性思维"，它是创造性思维的核心。在地理教学中，教师可通过指导学生质疑问难；鼓励学生打破思维定式，敢于发表不同意见；启发学生多角度思考问题等方法训练学生的求异思维。在地理教材中，可训练学生求异思维的素材比比皆是。例如，"地球如果反向自转，一天还是24小时吗？""如果在地轴与地球公转轨道面垂直的情况下地球绕日公转，地球上还有四季吗？""如何解决地球上的淡水危机？""如何使地球上的资源、能源取之不尽，用之不竭？""如何解决全球粮食问题？"等。通过这些问题，让学生标新立异、别出心裁，让学生自由思考、逾越常规，让学生想象猜测、异想天开，从而发展学生的求异思维。

当然，对于创造性思维过程来说，仅有求异思维是不够的，浮想联翩之后，还要经过收敛，找出规律性的东西，选择最合理的思路，最有说服力的假设，所以发展学生的求同思维也是不可缺少的。

3. 开展探索性的实践活动

地理学研究范围广泛，内容丰富，涉及面广。但课本容量有限，不能穷尽全部。尤其是当前科技发展日新月异，新鲜事物层出不穷，依靠课堂、教材已远远满足不了学生的求知与创造欲望。因此，必须通过开展丰富的主题性、探索性、研究性的地理实践活动，来加强学科与社会、生活的联系。让学生在有目的的实践活动中，不断接触新思维、新知识、新方法，锻炼自己的地理技能和综合运用知识的能力，从而为创新活动提供不竭的素材。如围绕"防止荒漠化日""粮食日""水日""环境日""土地日""人口日""保护臭氧层日"等环保纪念日，开展主题月、主题周活动。一方面邀请专家，对环境问题的现状、原因、治理措施等进行系统的分析和多角度的阐述；另一方面请学生出谋划策，大胆想象，用小论文或幻想短文的形式，谈谈自己对解决这些问题的设想与创见。

综上所述，在地理教学中实施创新教育，教师必须着眼于未来，确立以学生为主体的现代教育观；教师要善于根据地理学科的特点，创造性地提出新思路、新方法，并且自觉地、艺术地运用到教学实践中；教师要努力培养符合新时代需要的，全面发展的，具有创新能力的人才。

第八节　初中生物教学中的创新教育

培养具有独立人格和创造性的人才已是国家、社会、时代发展的必然和迫切需要，也是生物学科进行素质教育的归宿。

一、通过激发学习兴趣，培养创新思想

兴趣是最好的老师，是学生探求知识的原动力，也是发明创造的精神源泉。初中学生正处于兴趣广泛、求知欲旺盛的时期。教师如果从生物课的起始年级就注意激发和培养学生对生物学习的兴趣，并因势利导，使学生把兴趣转化成乐趣，进而转化成志趣，那么，就能保持学生对生物学习经久不衰的求知欲。

生物的学习兴趣是学生对于生物事物特殊的认识倾向，是学生力求认识生物事物，获得生物知识经验，带有情绪色彩的意向活动。因此，兴趣是发展学生思维，激发学生主动学习的催化剂，是调动学生学习自觉性的一种内在动力。它能促使学生去学习、去研究、去设想、去探索、去创新。那么如何来激发学生的学习兴趣呢？

首先，要营造宽松的氛围，也就是创造一个自然和谐平等的教学环境，让学生在轻松愉悦的气氛中去学习。在这个环境中，不是你讲我听的简单交流，而是允许学生打断教师的讲话，允许学生对教师的讲话、观点提出异议，允许学生相互讨论。这样的氛围，有利于消除学生上课时拘谨的场面，调动激发学生的学习兴趣，使学生勇于提出问题，积极解决问题，他们的创新意识自然而然地得到培养和发挥。

其次，教师要在教学中创设新颖有趣的问题情景，注意语言的技巧，千方百计激发学生的求知欲，在问题中不断思考、不断探索，从而培养创新意识。

因此，在生物教学中可以利用形象生动逼真的生物实验、曲折多变的问题情景来刺激学生，对教学语言进行精心的设计安排，力求生动、形象、幽默、风趣，使学生身临其境地去探讨和解决问题，使创新意识不断增强。

当然还有许多其他的方法，只要能吸引学生，抓住学生的注意力，我们都可以根据实际情况选择采用。

二、加强问题探究，培养创新精神

创新精神也称为创新意识，指推崇创新、追求创新、以创新为荣的观念和意识。只有在强烈的创新精神的引导下，学生才可能产生强烈的创新动机，树立创新目标，充分发挥创新潜能，释放创新激情，进行创新活动。这是素质教育的核心，也是生物学科教学中培养学生创新素质的基础。

创新精神是指一种敏锐的把握机会，敢于探索的精神状态。创新精神是培养创新能力的保障。而一切创造都始于问题的发展、问题的探索、问题的解决。而发现问题—寻找解决问题的方法—解决问题是探究问题的一般过程，在探究的过程中能逐步培养创新精神。教师平时要多鼓励学生独立思考，大胆发问，敢于质疑教师；要教育学生不要满足于书本提供的现成答案，要去发现、去追踪概念和理论的形成过程。

此外，对学生来说，教师、教材、辅导资料、试卷等是"权威"，这些"权威"的积极作用不可否认。但"权威"不等于"真理"，也会有错误。在教学过程中，要让学生坚持"信仰"，即坚持实事求是的原则，根据最新科技成就和自己的实践，对一些问题大胆质疑，通过师生之间的交流探讨获得"真理"。

三、加强探究实验，培养创新能力

创新能力，是反映创新主体行为技巧的动作能力，是创新活动的工作机制。对于中学生而言，主要体现在自学、探究、表达等方面，有效的预见性和主动参与性是创新教育作用于学生的两大特征。而生物是一门以实验为基础的自然科学。实验能激发学生的学习兴趣，有助于学生理解生物理论、概念，巩固生物知识，培养学生提出问题、分析问题、解决问题的能力。而生物实验的优势，就是使学生能通过生物实验培养动手能力，促进学生创新精神的发展，培养创新能力。

四、改革课堂教学，发展创新能力

传统的教学观念和模式严重束缚了学生的个性和能力发展，特别是创新能力的发展。知识经济时代的高素质教育要求生物教学必须改变传统的教学方法，实施教学开放性，即要求教学方法的多样化。教师可根据不同的教学内容和教学对象来因材施教，采用灵活多样的教学方法。可采用启发、发现、讨论、探索或以上各种教学方法相互配合，以期达到最佳效果。研究表明，学生通过阅读文字材料或听教师讲授后，能记住10%～20%的内容；学生对自己所看到的能记住30%左右；对自己既看到又听到的，便能记住70%左右；如果学生亲手操作又描述或讲述过，则能记住90%。由此不难看出，在教学中采用多种教学方式，充分发挥学生的自主性，对培养学生创造能力有着非常重要的作用。在教学中可以采用以下几种方法。

1. 巧设追问，深入分析

为了不断促使学生积极思维，可以不断追问学生。

2. 形象生动的比喻

通过比喻性教学，学生兴趣盎然，对生物学知识就有一种亲切感、真实感，对基本知识理解得就会更深刻一点，记忆得也会更牢固一点。如在教学中可把"植物体"比喻为"学校"，把"细胞"比喻为"学生"。上课时，教师可做这样的解说：在学校，学生是最基本的"单位"，学生的活动是学校最基本的活动，而学校的一切活动都是围绕学生进行的，如果没有学生的活动，就不会有学校。由此，来让学生直观地了解"学生是构成学校的基本单位"。通过上述比喻性讲解，进而使学生理解"细胞是构成植物体的基本单位"。

3. 分析对比，综合归纳，简化记忆

比较是确定现实现象异同的一种思维过程。从比较中就能抓住事物的本质，突出矛盾的特殊性。比较又是概括的前提，只有通过比较，才能确定同类事物的共同特征，把这些事物联合为一组进行概括。在教学中，应用分析对比、综合归纳的方法，可以帮助学生简化记忆。在这种综合、对比中，学生的创新意识、创新能力也得到了加强。

4. 加强第二课堂，实践与理论结合

丰富多彩的第二课堂活动，不仅能陶冶学生的情操，还能促进兴趣的发展，更能促进能力的提高。例如，到公园去参观，了解动物园中动物的饲养和公园里植物的栽培；还可以到野外考察，了解各种生物形态和生活习性等。使学生的生物知识得到应用，产生一定的心理满足和欢乐，不仅巩固和发展了兴趣，能力也得到了提高。

此外，还有其他教学方法，在教学科研不断深化的今天，我们要不断借鉴他人的成功经验，深化教学改革，把学生的能力培养，特别是创新能力的培养贯穿于教学始终。

第九节　初中美术教学中的创新教育

把时间还给学生，把健康还给学生，把能力还给学生，这"三个还给"是推进素质教育的重要内容之一，这无疑对当前素质教育提出了新的挑战。实施素质教育是国家教育方针规定的必须遵循的教育方向。培养创新精神和实践能力是素质教育的重点。新修订的美术教学大纲指出：美术对于培养创新精神和实践能力具有重要作用。然而，受应试教育的影响，"小三门"的思想偏见意识依然没有完全消除，美术课在中小学的教育中，仍常被视为"副科"。美术课教学虽然与升学率没有直接联系，但它能有效地开发学生的想象思维，培养学生的自信心以及创造能力，发展美术教育能对深化推进素质教育起到积极作用。

一、创设教学情境，优化课堂教学，激发学生的学习兴趣

兴趣是学好任意一门学科的前提。培养学生对该学科的兴趣，对于开发学生非智力因素具有相当重要的意义。美术课形式活泼，内容丰富，趣味性强，因此普遍受学生欢迎。但由于初中学生的审美能力以及绘画造型能力较弱，所以，在上课过程中，常出现部分学生由于不会画画，或画得不像，而产生自卑、畏难心理。针对这一点，笔者在教学中为学生精心选择和设计了一定的充满感情色彩的情境，并采用相应的教学方法，激发学生的学习兴趣。比如，在上《春天的畅想》（造型、表现）课时，笔者先给学生提供有关的形象模型——人、栅栏、太阳、房子、树木等，然后让他们根据构图形式美法则，像玩拼图游戏一样，把形象模型组合成不同构图形式的画面，从而减轻他们因画得不像而产生的畏难心理，使他们在轻松、愉快的游戏情境中，轻松掌握构图的知识。

另外，根据课堂需要，笔者还采用了音乐联想法，激发学生的学习兴趣。比如，在上《中国山水画特点和风格》这一课时，笔者先让学生欣赏古筝名曲《高山流水》，让他们随着跳动的音符、优美婉转的旋律展开丰富的联想，然后再出示山水画挂图，逐步展开教学过程，启发他们归纳中国山水画的特点和意境。这样视听结合，获到了良好的教学效果。

二、更新教学观念，引导动脑动手，培养学生的创新能力

传统的美术教学，往往一味地追求绘画技能训练，未能同培养学生个性有机结合，培养出来的是"工匠"式学生，缺乏创造能力。创造能力是指人在某一领域内表现出来的独特、杰出、非凡而有价值的才能，它是以创造性思维为核心的各种能力的综合。在美术教育中，应注重培养学生的创造能力。

在美术教研教学活动中，应以提高审美素质为主线，以提高造型能力为突破口，以提高创造能力为出发点，充分挖掘学生的潜能，着重培养学生的个性。个性的培养在于设立宽松的环境，使其自由发展，不是设定一个固定的框架去塑造它，把教师的主观意志强加给学生，而是让每个学生充分展现自己的个性、特点、专长，善于观察，勇于表现，敢于标新立异。在课堂教学中，采取合适的灵活的教学模式，引导学生动脑动手。

三、激励互助合作，弘扬团队精神，增强学生的社会适应能力

学校的职能是为社会各领域培养、输送人才，所以，教育应面向社会。各个学科的教学都不应仅仅停留于书本，在向学生传授专业知识的同时，也应该培养他们的社会适应能力，增强他们的社会意识观念。

美术特色班的学生，大多数是纪律方面的后进生，个性活泼，自觉性差，再加上班额大，所以，在这个学期前半阶段，在课堂教学中，笔者遇到了颇为棘手的问题：辅导学生与抓好课堂纪律往往不能兼顾。后来，笔者采用分层管理的方法，才取得一定效果。

在上绘画技能课时，笔者把全班分为四个小组，每个小组由两个小组长轮流管理该组纪律。班长、纪律委员、学习委员轮流监督小组长的工作，而笔者只负责督促值日班干部的管理工作。每个层次都严格执行《美术特色班专业量化管理条例》，奖惩分明，让他们在纪律上有个竞争氛围，这样，经过半个学

期的努力，美术课堂纪律明显好转。

在学习专业知识方面，笔者从各个小组中，选出美术素质较好的学生作为科代表，在第二课堂强化训练他们的造型技能，然后，鼓励他们在常规课堂上协助辅导该组学生。

通过以上方法，美术特色班形成了在学业上、纪律上既相互合作，又互相竞争的局面，不仅培养了学生的团队意识，还增强了他们的竞争意识，从而培养了他们适应社会的能力。

四、开阔知识视野，树立正确的知识观、人生观

在现代知识结构中，各门学科知识都是横向联系、相辅相成的。美术与文学、音乐、建筑、戏剧、摄影等为姐妹艺术，它们反映现实生活的表现手法是一脉相承的。所以，美术教师应不断提高自己的知识层面，重视开阔学生的知识视野。在美术欣赏课中，以中外艺术家的成功事迹，激励学生见贤思齐、博学多闻，全面提高学生的综合素质。总之，义务教育阶段的初中美术课是国民的素质教育，必须结合本学科的特点，坚持"素质教育"大方向，努力把学生培养成具有一定审美文化素养、高尚的思想道德情操，具有一定的创新能力和实践能力的高素质人才，以促进人类的全面发展。

第十节　初中音乐教学中的创新教育

提起音乐，对于一般学校的学生来说，首先想到的是流行歌曲和一些港台歌星。笔者在学校开设音乐活动课，报名参加合唱队的学生有130多名，但在面试过程中（要求自选歌曲一首），60%的学生不是音准有问题就是节拍有错，80%的学生选唱的是港台、韩日的流行歌曲。在调查中，笔者还发现几乎所有的学生都喜欢音乐，100%的学生平常都听流行音乐，但接受过系统音乐教育、能识简（线）谱的只占5%左右。可以说学生对音乐教育的渴望与他们实际所具有的音乐素质形成了强烈的反差。拿同学们的话说，我们整天听到的就是这些流行歌曲，看到的就是这些大腕歌星。是啊，由于商品经济的冲击，艺术被包装变成商品，再加上一些媒体的"误导"，使学生的音乐审美价值观念极为混乱，不辨美丑，审美情趣的发展也受到了不同程度的阻碍。

音乐，它是一个国家文化和文明的象征。荀子在《乐论》中讲："夫声乐之入人也深，其化人也速。"柏拉图讲："音乐教育除了注重道德和社会目的以外，必须把人教育成善和美的。"音乐是美的，但美在哪？为什么美？作为初中学生因受其文化基础的限制，不可能从本质上很好地体会和表达。而"应试教育"下的音乐教育过分强调以理服人，靠理论说教，也使音乐教育所特有的"审美育人功能"黯然失色，收效甚微。

随着素质教育观念的深入人心，音乐教育同其他方面的教育一样，目的都是提高学习的质量效益，使受教育者的素质趋于优化与完善，以适应社会发展的需要。因此，如何充分运用音乐本身的独特魅力和教育功能，采用更为生动，更能加强学生对音乐美的理解、感受、鉴赏、创造等能力的培养的教学方法，已成为我们广大音乐教师要花大力气研究和解决的问题。

一、教师教育观念的更新是音乐创新教育的关键

匈牙利著名音乐教育家柯达伊指出："谁是音乐教师要比谁是歌剧院的指挥重要得多。因为一个蹩脚的指挥，他不过是失败一次，而一个蹩脚的音乐教师却要连续失败三十年，要扼杀三十批儿童对音乐的爱好。"众所周知，再好的课程教材，如果没有教师的好教法也是难以奏效的。由于以往长期的应试教育"惯性"使然，许多教师嘴里说的是"要素质教育""要创新教育"，用的也是新教材，却往往是"穿新鞋，走老路"，在教学上还是习惯于单纯灌输统一的书本知识。有的教师往往非常好心地扮演一个尽责的"老母鸡"角色，生怕学生不懂、不会，于是反复讲、反复教，到头来，学生的思路却越来越窄，主动性越来越差。长时间以来，每当我们听自己的学生唱出那种缺乏乐感的歌声时，只会埋怨他们缺乏"音乐细胞"，却没有意识到自己教学方法的陈旧，没有意识到我们正沿袭着一个越走越窄的老路。当我们怀着极好的动机把自己从老师那儿学来的东西再灌输给我们的学生时，我们并没有意识到自己已成为一堵墙，挡住了学生与音乐的接触……

作为一名教师应当清楚地看到，对学生音乐素质的培养，只靠理论说教是不够的，它是需要学生不断地通过实践来体验的，是需要在实践活动中不断地加以丰富和完善的。音乐教育的教学目的要重在这样的认识过程，重在将来。实际上它的意义已经远远超出了音乐教学的本身。这样的教学是一种深远的、潜移默化的智力开发，而音乐教学又常常是一种形象思维的活动过程，这就需要调动同学们的想象力和创造力，让学生自己去参与、去体验、去锻炼，教师只是一个引导者、挖掘者和环境创造者，应该让学生成为真正的探索者。只有带学生愉快地推开艺术大门，才会使学生在不断积累的学习中自觉地产生理智的需求心理，形成健康的审美体验及审美能力，激发他们热爱生活、乐观向上的积极情绪。

二、重视对学生素质的培养是音乐创新教育的核心

翻开中学音乐课本第一册，就有苏联现代著名教育家苏霍姆林斯基的名言："音乐教育——不是培养音乐家，首先是培养人。"恩格斯曾经指出，对人的教育有两个方面：一是逻辑思维的教育，即政治、哲理的教育；二是形象

思维的教育，即艺术的教育，二者缺一不可。中学音乐教育重在对学生形象思维的教育。音乐能刺激人们的感官，引起反馈，最后通过联想使理智得以升华，接受高尚的思想和感情。通过音乐的学习和训练，学生能变得开朗活泼、思维敏捷，能够保持心理的稳定与平衡，使其与外界能处于协调、和谐的积极状态，使身体心理素质得到提升。

音乐也能促进学生的智力发展。它像润滑剂，使智力成分更加融合。音乐方面的学习方法，同样也可以运用在文化课的学习之中，使学生的模仿力、分析力、理解力显著提高，借助音乐提高学习效率，开阔视野，丰富思维。马克思明确指出："社会进步就是人类对美的追求的结晶。"音乐的美学特性是凭借旋律、节奏等一系列音乐构成要素表现创作者的审美情感，给欣赏者带来美感，使人得到陶冶和感染的。在一系列的审美活动中，学生因爱"美"而无限愉悦地进入音乐构成要素的相互联系的综合体验中，从而使学生的审美素质也得到了提升。

综上所述，以提升学生素质为宗旨，全面培养其良好品德，促进每个学生的身心健康发展，是我们当前音乐教育工作者的重中之重，也是创新教育的核心内容与任务。

三、创新教育下的音乐欣赏课不容忽视

音乐欣赏课是学校音乐教育的一大部分，苏霍姆林斯基说："懂得欣赏音乐，是审美修养的基本标志之一，离开这一点就谈不上完善的音乐教育。"音乐欣赏从其基本性质来说是一种情感体验，多听、多欣赏是获得音乐欣赏能力的关键。教师常常反映：中学的音乐欣赏课是最难上好的。由于学生的阅历少，因此对作品的内涵往往难以理解，即使老师强迫学生耐着性子听，学生也不会被优美的乐曲所感动。所以有的教师往往是音乐欣赏课一走一过，或者干脆取消音乐欣赏课。其必然结果就是将学生推向了"精神垃圾"的边缘，令人悔之晚矣。

其实青少年对音乐的反应是有规律、有特点的。作为十二三岁的孩子，其欣赏、认识和感情反应的能力增强，由体验型开始向理智型转化。在以后的学龄期，学生极易被潮流所诱导，盲目随从性大，此时应对学生加强严肃音乐的学习、欣赏，使其向健康有益的活动靠拢。十四岁至十八岁，学生理性思考渐

渐增多，此时可在欣赏作品的同时，指导其进行正确的想象与思考，真正进入音乐天地，并且一定要把握时机带领学生领略音乐更高层次的美。作为教师应当充分相信学生，不要用"音乐技能"的衡量标准来评判学生的感知与接受能力，如果过分强调"技能"的作用，会让学生畏惧音乐或淡漠音乐，要知道他们对音乐的欣赏能力比他们的音乐表演能力要强得多，只是我们往往忽略了这一点。

在初中音乐欣赏教学中，学生对音乐的内容、基本情绪、风格特点、精神特征会产生一些感性认识，这种认识虽是浅层的，却是音乐美学教育的起点。作为教师应该积极通过创设情境、编排舞蹈、进行游戏等多种形式培养学生的注意力和记忆力，帮助学生积累审美经验，使学生从初级的满足于悦耳的感知阶段过渡到充分发挥欣赏的主观能动性、充分展开情感体验的感情欣赏阶段，最终上升到不仅能针对音乐作品的形式和表现，而且也能针对作品内容和社会意义进行审美认识和审美评价的理性认识阶段。这对于培养学生音乐修养是至关重要的。

总之，随着音乐教育教学改革的不断深入，音乐课已经逐渐从唱歌型、知识能力型的模式中解脱出来而向审美型发展。具有"以美成善""以美育情""以美导真""以美助健"的音乐教育工作将在培养新时代高素质人才方面发挥出更大的作用。笔者愿与广大同仁携手并进，积极探索教改新路，为学生综合审美素质的提升做出更大的贡献。

第十一节　初中体育教学中的创新教育

体育教育作为九年制义务教育的必备课程，为学生提供了独特开阔的学习和活动环节，让学生的观察能力、思维能力及实践操作能力得到充分的表现机会，具有其他文化学科无法比拟的创新优势。初中阶段的学生一般都富有朝气，有很强的想象力，因而有利于其潜能的开发。通过体育创新的教学过程来培养学生创新智能和创新个性，向其灌输有利于身体健康的体育常识，从而真正体现体育创新教育的重要性。

一直以来，体育教学创新教育运动对于学生的教育是很多家长甚至是全社会都很关注的问题。数理化等基本学科是为了培养同学们的基本知识，体育学科则是为了给同学们一个良好的身体。但是，传统的体育课显得形式太单一、太枯燥，不太被同学们所接受，取代传统模式的将是新兴的体育模式，也就是在体育教学中的创新教育。随之而来的问题也是显著的，即什么是创新的体育教学模式，老师该如何去开展这种创新模式，这种模式又会给教学及学生带来哪些益处？

一、体育教学中的创新教育是什么

现在，有很多老师在学校提出的创新体育教学中，将学生带到多媒体教室去，播放一些关于体育的教学片。他们并没有真正地明白什么是体育中的创新教育，单纯地创新教育与多媒体教育联系在一起，这是一种错误的观念。其实，创新教育不单单只是与多媒体联系的。

创新教育是让同学们自觉地、快乐地去学习体育知识，从传统的"必须学"到现在同学们的"我爱学"的过程，让体育教学的形式变得丰富起来，启发同学们的思考能力和参与能力，让同学们在课堂上与老师平等地共同去学习。发散思维是创新教育的核心，能够引导同学们形成独立的见解，提升学生的创新能力。

二、如何开展体育教学中的创新教育

1. 使用多媒体教学攻破教学中的难点

在初中生的体育课堂上，有很多动作其实是同学们做不上来的，还有部分动作是学生操作起来有一定危险。所以，就需要结合多媒体影片来进行教学，告诉学生该如何正确地进行体育活动。

体育教学是一种开放式的教学，那么在教学过程中，就要让同学们多多地去动脑思考、训练，让同学们了解更多的知识。多媒体就是一个很好的平台，老师在课程中播放一些奥运会的体育比赛视频，会使学生更真切地明白体育的意义与动人的地方。比如，当课程开展到篮球运动时，播放一些国际知名的比赛视频，老师再加以详解，会使学生更清楚地了解到团队的意义，同时也摆脱了死板的教学方式，靠学生自己领悟的知识，使教学更容易开展，也会使学生更愿意接受。

2. 留给学生充分的创作空间

每一个学生都是天生的创作家，只是现在社会的一些固定模式会让同学们忘却创作。创新用于体育教学就是要给同学们搭建再次创新的平台，它不应该只是局限在共有的运动模式上，而是要让同学们去发现，让同学们去改变、去超越。比如，一节女同学的形体课上，当体育老师教给同学们基础的动作后就不应该再次向同学们传达一些固有的舞蹈动作，那样会扼杀同学们的思想，老师完全可以让同学们自由分组，去创造她们认为美丽的舞蹈，提高她们的体育热情。也许有一天，她们就会在无意中创造出美丽动人的舞姿。

3. 合理运用比赛的形式去激励同学们运动的热情

体育教学是一项很耗费体力的运动教学，长时间的教学会让同学们觉得枯燥，甚至厌烦。不如在运动的同时加入一些竞技比赛，同学们的积极性和热情会得到很大的提高。例如，当老师在上排球课时，在同学们都已经掌握基本的排球动作后，可以分成两队进行排球友谊比赛，这样不仅可以增加同学们对排球动作的掌握，也可以提高他们的运动热情，培养团队协作能力与坚持不懈的意志。这样，原本枯燥的排球动作练习就变成了丰富多彩的体育运动竞技比赛，同学们会更容易去接受，去学习，更好地提高教学成果。

三、创新式的体育教学会带来什么好处

开展创新式的体育教学，会打破常规的老师在前面示范，学生在下面枯燥地学习的模式。老师不应该觉得自己是教师就高高在上，应该放下老师的架子，提供专业的体育知识，和同学们一起研究体育，在学习中共同实践，共同欢乐，共同思考，促使学生由原来的"必须学"转变为"我爱学"。让同学们开阔视野，拥有参与运动的积极性，学生的各方面素质，身体健康状况也会相应地提高。不断感受体育乐趣的学生，也会更积极地去配合老师的各项教学活动，增加了学生的创新能力。学生真正成为体育学习的主人，不再受枯燥的传统体育课的束缚，能够发现体育运动的精神实质与乐趣，成为喜欢体育运动的一代新人。

四、社会在不断地进步

在当今社会教育背景下，初中生的体育教学是我们要面对的一大课题。创新教学为传统模式的教学开辟了新的天地。从学生的角度出发，让学生体会到学习的乐趣、体育的精神。这样的教学再也不是教师单纯地将知识灌输到学生的大脑，而是让学生自觉去学习，努力发现自己的创新想法与意见，也使学生成为德智体美劳全面发展的新时代的接班人。

第四章

学科教学中创新教育的
典型案例

以培养创新精神和实践能力为重点的素质教育是当今教育改革的主旋律，课堂教学则是培养学生创新精神及实践能力的主阵地。因此，教师必须加强创新教育理论的学习，更新教育观念，改革教学方法，创新教学手段。"互联网+"时代，技术为多学科合作学习提供了更加丰富的土壤，让学习更加个性化、协同化，为学生发展提供了无限的可能。新课程改革在教学方面提出了促进课程融合的新观点，将课程整合起来，提高学生的综合素质，培养学生的创造性思维。

第一节　语文学科创新教学设计案例

《安塞腰鼓》创新教学案例

【创新设计说明】

常态下的高效课堂是我们一直追求的目标。个人认为，如果要做到课堂高效，老师的主导作用、学生的主体地位都必须得到充分的体现。如何把导和学有机结合在一起是关键。《安塞腰鼓》是刘成章先生的散文名篇，文章以诗一般凝练的语言来写视觉形象，用富有动感的语言来表现安塞腰鼓的激越飞扬。教学时应鼓励学生体会安塞腰鼓的艺术魅力，领悟生命的自由和豪壮之美。引导学生有感情地朗读，实现学生与文本、与作者、与生活、与生命的对话。课堂教学中师生互动、感悟、讨论交流、合作探究，让学生成为阅读的主人。引领学生深入理解和欣赏课文独特的有感染力的语言，感悟生命的激荡和磅礴的力量，体会作者对安塞腰鼓及安塞人那种由衷的赞美之情。

【具体实施过程】

（一）创设情境，激情导入

播放腰鼓表演视频。生简单谈感受：震撼，激动人心，振奋……师：这段场面壮阔、鼓声雄浑、震撼人心的舞蹈表演是黄土高原特有的一种文化艺术——安塞腰鼓。今天我们就走进作家刘成章的散文《安塞腰鼓》，去感受它独特的艺术魅力。

（二）播放课文录音，生听读课文，完成问题

（1）勾画重要字词，并标注读音。

（2）试着用一句话概括全文内容。出示生字注音图片，找生拼读，有错纠错，无错让其领读。为下边读课文做准备。师：第二个问题能完成吗？生：本文写了一场腰鼓表演。

（三）具体研讨，深入理解把握课文内容

过渡：这场腰鼓表演，作者印象深刻，文中有一个标志性的句子反复出现，你知道是哪一句吗？

生：好一个安塞腰鼓！

师：文中出现了几次，快速找到这一句子在文中的位置。

生找到后，多找几个学生读一读，觉得满意了。师：为什么这样读？生感悟：写出了对安塞腰鼓的赞美之情。师：因为是反复出现，所以感情应是越来越强烈！

生齐读，读出这种强烈的赞美之情。过渡：这种强烈的赞美之情分别从腰鼓的哪几个方面来抒发的呢？师生一起研读第一个"好一个安塞腰鼓！"先和学生一起明确这一句好，总结的是第7～12自然段的内容。生自由读，从文中找根据，发表自己的见解。

生：写出了腰鼓的气势。

师：这种气势是一个人打出来的吗？

生：百十个。或很多。

师：人多了，就成了场面。所以这写出了安塞腰鼓的场面。（板书：场面）这种场面让你用文中的一个词来概括它的特点，你会用什么？

生：壮阔、豪放，或火烈。

师：哪些句子给了你这种感觉？为什么？

生找到文中的句子，师及时点拨：在语言上，作者运用了大量的排比，有句内排比，有句与句之间的排比，还有段与段之间的排比。增强了文章的气势，抒发了对安塞腰鼓强烈的赞美之情！分组读一读，读出这种磅礴气势。

师：同学们读出的这种磅礴气势让老师浑身上下充满了力量，刘成章有这种感觉吗？

生找到"容不得束缚……撞开了的那么一股劲！"把这两句变成一个长

句，生口头回答。投影出示原文和改编后的长句的比较。

生齐读。谈感觉，哪个句子更有气势些！（原文的短句）指导学生做好笔记，短句也可增强气势抒发感情。刘成章写这一壮阔场面其实就是在赞美安塞腰鼓的力量。板书：赞美力量。

师：还有三个"好一个安塞腰鼓！"先找到它们分别对应的语段，再按要求分组完成任务。

（四）小组合作，研究探讨，展示风采，把握主旨

投影出示任务：①另外的三个"好"分别赞美了安塞腰鼓的哪一方面？②这一方面的特点是什么？③作者是用怎样的语言来表达的？把全班分成三大组，每大组完成一个"好一个安塞腰鼓"。3分钟以后，各组进行展示。组内的四人小组可以互相补充。在展示时，其他小组可以提问，老师也可以提问，也可以帮忙解答。一般是各组有感情地读出本组的内容。

师：通过读，我们感悟到了安塞腰鼓磅礴的气势和力量。刘成章只为了赞美腰鼓的力量吗？换作江南的后生来打鼓，能打出这种气势吗？生：不能。齐读第19～21自然段，把握文章主旨，对黄土高原人旺盛生命力的赞美之情！（出示投影）

（五）总结。体会文章结构美，首尾呼应

师：如果说第二部分的描述让我们领略到了安塞腰鼓那种动态的美，那么第一、三部分是一种什么美呢？

生：静态美。

找出各部分表示静的关键词。如"呆呆、安静、沉稳、寂静、戛然而止"等。

师：全文结构形成了静—动—静。这种结构有什么特点？

生：首尾呼应！不管是动态描写还是静态描写，都表现了腰鼓表演的美！用刘成章的话来说就是："好一个安塞腰鼓！"

谢谢大家！

【教学反思】

反观《安塞腰鼓》的课堂教学，在整个教学环节的设计上，基本能体现出新授课文本对话为首要、语言训练是重点、学生参与为根本、方法过程要指导的基本教学原则。这是一堂常态课，这堂课精讲示范，把方法教给学生，引导学生思考，形成能力；在有效时间内，完成任务，以一带三，在合作探究中注重方法的指导，朗读训练，做到了读中思，读中悟。这是这堂课值得欣慰的地方。同时强烈地感受到：学生的参与面不是很广。如何让所有学生都积极参与到课堂活动中来是下一步努力的目标，也是实现高效课堂的关键！总之，教育就是一首诗，"汝果欲学诗，功夫在诗外"。追求课堂上的"实、趣、活"，仅仅靠研究教材，选择教法、学法，甚至上几节研究课是远远不够的，关键要善于关注国内外新的教育教学理念，使自己的教学思想始终处于改革的前沿，并在实际的教学中不断地加以实践、提炼、完善和升华。

《背影》创新教学设计

【创新教学设想】

《背影》作为朱自清先生的代表作之一，一直是传诵不断的名篇。每次上这节课也都希望能够有所改变。这次采用"四"字统领法解构全文，同样可以达到教学目的。

【教学目标】

（1）学习体会通过人物动作刻画形象、展现人物心理的方法。

（2）继承并发扬中华民族尊老爱幼的传统美德。

【教学重难点】

（1）教学重点："背影"作为文章描写的对象在文中多次出现，尤以父亲为"我"买橘子而穿铁道、攀月台那个场面的描写为最详，是全文的重心所在，也是本文的教学重点。

（2）教学难点：体会蕴含在作者笔端的深深的父子之情。

【课时】

2课时。

【教学过程】

第一课时

（一）导入（任选其一）

（1）可以用歌曲导入，例如崔京浩的《父亲》，《好爸爸》亦可。

（2）用诗歌导入，写母亲的诗歌或者写父亲的诗歌。

（3）图片导入。

（二）知人论事

（1）作者简介：以学生介绍为主，教师补充要点。当堂检测。

（2）写作背景：以学生为主，教师补充。

（3）检测字词：先看"读读写写"中的字词以及课文中、注释里的字词。（大屏幕显示）

做练习册上的基础题。（字词题）

（三）整体感知

（1）学生朗读课文，概括本文的主要内容，体会文章表达了作者怎样的情感。学生自主思考，交流，补充。

（2）质疑解疑。

（四）总结

这是一堂常态课，自己认为这堂课精讲示范，把方法教给学生，引导学生思考，形成能力；在有效时间内，完成任务，以一带三，在合作探究中注重方法的指导，朗读训练，做到了读中思，读中悟。这是这堂课值得欣慰的地方。同时也强烈地感受到：学生的参与面不是很广。如何让所有学生都积极参与到课堂活动中来是下一步努力的目标，也是实现高效课堂的关键！总之，教育就是一首诗，"汝果欲学诗，功夫在诗外"。追求课堂上的"实、趣、活"，仅仅靠研究教材，选择教法、学法，甚至上几节研究课是远远不够的，关键要善于关注国内外新的教育教学理念，使自己的教学思想始终处于改革的前沿，并在实际的教学中不断地加以实践、提炼、完善和升华。

（五）作业

自读课文，圈点勾画本文中出现多次的"四个／次……"并加以分析。

第二课时

（一）导入

复习导入。

（二）走进文本

（1）有人说本文由很多的"四个/次……"构成，也让大家阅读课文了，不知道你找到没有？

以小组为单位，进行组内交流，代表发言。其他同学点评。

明确：四个"背影"、四次"流泪"、四句"话语"……

（2）探究"四个背影"。

① 找出带有"背影"的句子读一读，品一品。看看这四个"背影"哪一个是重点写的？这样写有什么好处？

明确：

"我与父亲不相见已二年余了，我最不能忘记的是他的背影。"（忆背影）

"这时我看见他的背影，我的泪很快地流下来了。"（绘背影）

"等他的背影混入来来往往的人里，再找不着了，我便进来坐下，我的眼泪又来了。"（别背影）

"我读到此处，在晶莹的泪光中，又看见那肥胖的、青布棉袍黑布马褂的背影。"（思背影）

好处：详略得当，重点突出。

② 一起分析第二次背影的刻画，齐读第6自然段，看看作者是从哪些方面刻画父亲的背影的。

播放视频（片段）

讨论，明确：外貌描写，动作描写，神态描写，细节描写，语言描写。

师：课文通过对父亲在车站给儿子送行情景的描述（主要是背影的描写），在叙事中表现了父亲对儿子无微不至的爱。

（3）品味四句"话"。

① 作者的父亲在送儿子去车站的过程中，总共说了四句言简意赅的话。找出这四句话，品一品，读一读，看你品味出什么滋味来。

"不要紧，他们去不好！"（不放心儿子，关心儿子）

"我买几个橘子去。你就在此地，不要走动。"（怕儿子路上口渴，为儿子做事，体贴周到）

"我走了，到那边来信！"（舍不得儿子）

"进去吧，里边没人。"（关心儿子）

② 由此可以看出可怜天下父母心啊！你可以想象自己的父亲，每次是不是也是这样呢？想想自己的生活中，你的父亲有没有说过这样让你感动的话呢？

学生交流，教师适时用自己的体验引导学生。

（4）品味"四次流泪"。

① 面对如此深沉的父爱，做儿女的怎能无动于衷？我们看朱自清先生的表现。他表现得最典型的动作就是流泪，找出文中写流泪的句子，看看各抒发了作者怎样的感情。

明确：

"不禁簌簌地流下眼泪。"（奔丧途中见父亲，睹家境，想祖母；悲伤之泪）

"这时我看见他的背影，我的泪很快地流下来了。"（车站望父买橘；感动之泪）

"……我的眼泪又来了。"（车站找不到父亲的背影；不舍之泪）

"在晶莹的泪光中……"（别后读父亲来信，再现背影；怀念之泪）

② 有人说，这四次流泪体现了"我"的感情变化，四次流泪分别是悲伤之泪、感动之泪、不舍之泪、怀念之泪，你同意吗？说说你的理由并做出赏析。

③ 作者当时对父亲的行为真的理解吗？从哪里可以看出来呢？这说明了什么呢？

读课文，勾画课文。读一读，说一说。

"……我那时真是聪明过分，总觉他说话不大漂亮……我心里暗笑他的迂；他们只认得钱，托他们只是白托！而且我这样大年纪的人，难道还不能料理自己么？唉，我现在想想，那时真是太聪明了！"

明确：这说明朱自清当时对父亲的行为不理解，运用了反语的修辞手法表达了自己的懊悔之情。

师：尽管作者有不理解父亲的时候，但是这并不妨碍作者对父亲的爱和怀念。

（5）学习完本文，你学到了什么呢？

提示：从选材上，从语言上，从情感上，从描写方式上，从内容上皆可。

从选材上：选取生活中的细节塑造人物形象。

从语言上：朴实的语言最美。

从情感上：感情真实最感人。

从描写方式上：白描的写法。

从角度上，新颖独特的"背影"。

从结构上，以背影为线索，贯穿全文。

从人物的刻画上，细节描写之生动。

从材料的剪裁上，文章详略安排恰当。

……

（三）总结

用歌曲《父亲》总结。

（四）作业

（1）阅读写父亲的文章，看看都是如何刻画父亲的形象的。

（2）写写自己的父亲。

《皇帝的新装》创新教学设计

【教学背景】

这是一篇童话，人物形象鲜明，语言通俗易懂，且联想想象丰富，非常适合初一学生阅读。应发散学生思维，引导他们感受形象寓意，体味联想想象的特点。本篇文章思路清晰，故事性强，又有很浓厚的趣味性，适宜学生自主阅读，感知文章内容，厘清故事情节。初一学生天真活泼，对一切都充满了好奇，所以在老师的引导下合作探究文章寓意，欣赏人物形象是最为有力的方法。学习寓言，要让学生明白这种体裁的特点，达到举一反三的目的。要真正"授之以渔"而不是"授之以鱼"。

【教学目标】

（1）分析主要人物特点。

（2）归纳课文思想内容。

【教学重难点】

（1）领悟作品的丰富内蕴。

（2）培养学生的创新思维。

【教学环节】

（一）视频导入，激发兴趣

（1）教师课前播放一段视频：《卖火柴的小女孩》。让学生通过观看视频说出这个故事并且说出故事的作者——安徒生。

（2）对作者进行简单的介绍：安徒生，19世纪丹麦杰出的童话作家，一生共写成了160多篇童话。我们比较熟悉的有《卖火柴的小女孩》《丑小鸭》等。

（3）介绍体裁：童话是儿童文学的一种，它通过丰富的想象、幻想和夸张来塑造形象，反映生活，对儿童进行思想教育。语言通俗易懂，情节曲折离奇，往往采用拟人的手法。

（4）导入本课：今天我们就来学习丹麦童话作家安徒生的另一篇童话故事——《皇帝的新装》，看看它告诉了我们什么道理。

（5）请学生根据以前的积累把以下字词读准。

如：

陛下　　　头衔　　　滑稽　　　钦差　　　称职

炫耀　　　骇人听闻　　御聘　　　精致　　　呈报

（二）学生速读课文，整体感知

（1）请同学们带着刚才认识的词语用自己喜欢的方式快速地阅读课文并思考：课文以什么为线索？（新装）

（2）梳理文章脉络：请同学们找出文章的引子、开端、发展、高潮和结局。

教师可以进行适当的指导，如先说第一个引子：皇帝爱新装。让学生根据老师的句式总结其余几个。（开端——骗子做新装；发展——君臣看新装；高潮——皇帝穿新装；结局——孩子揭新装）

（三）重点分析与训练

1. 教师播放视频让学生听读皇帝爱新装部分，回答问题

（1）课文的哪些内容可以看出皇帝很爱新衣服呀？

从治装费用：不惜倾其所有。

从心思兴趣：最爱炫耀新衣服。

从换衣次数：每一天每一点钟。

（2）这样写的目的是什么？

突出他的昏庸无能、荒唐可笑，也写出皇帝上当受骗的缘由。

2. 学生听读做新装部分，回答：皇帝为什么会决定让骗子做新装

能织出人间最美丽的布。

布的颜色和图案：分外美观。

布的特性：奇怪的特性。

3. 学生听读看新装部分，回答：请找出老大臣、官员、皇帝看新装时的心理、神态和语言描写的句子

心理：都怕别人知道自己看不见。

神态：装模作样地看了又看。

语言：点头赞美"真是美极了"。

4. 听读皇帝穿新装部分，回答：这一部分主要运用了哪些描写手法

（语言描写、动作描写）请具体分析。

骗子加班：动作——取下衣料，裁了一阵，缝了一通。语言——请看！新衣服缝好啦！

骗子献衣：动作——各举起一只手。语言——裤子、袍子、外衣、优点。

皇帝穿衣：转了转身子，扭了扭腰。

大家吹捧：合身、好看、贵重。

5. 阅读小孩揭新装部分，回答

（1）一个小孩最后说道："可是他什么衣服也没有穿啊！"这表现了小孩怎样的性格特点？作者这样写有何用意？

表现了孩子天真无邪、无私无畏、敢说真话的性格特点。

作者这样写的用意是告诫人们应该保持天真纯洁的童心，无私无畏，敢于说真话。

（2）从小孩到老百姓都说了真话，为什么皇帝和他的内臣们仍然装模作样把戏演下去？作者这样写有何用意？

爱面子。他想：我是皇帝，我不能就这么灰溜溜地回去，我得撑下去，我不能让国人明白自己的昏庸、愚蠢乃至不够格做皇帝。

作者这样写更充分暴露出皇帝的怯懦、虚弱。

（四）品味句子，分析人物形象

以"一个皇帝""一群大臣""一个孩子""一个骗子"为句式，在人物后填入一个修饰性词语，来说明本文的皇帝、大臣、小孩、骗子分别是怎样的人。

皇帝——昏庸无能、爱慕虚荣、愚蠢。

大臣——虚伪愚昧、阿谀奉承。

骗子——狡猾伪善。

孩子——纯洁天真、无所顾忌。

（五）课堂小结

（1）根据以上内容的学习，请同学们用一个字概括故事情节。（骗）

（2）文中各种人物是怎样围绕"骗"字进行活动的？（用两个字加以概括）

骗子行骗　　皇帝受骗　　官员助骗　　百姓传骗

（六）课外拓展

请同学们课后就下面设定的情境，展开大胆想象，对故事情节进行既在意料之外，又在情理之中的合理增补，体会童话想象丰富、情节生动的特色。

（1）游行大典后，皇帝回到宫中。（想象他会怎么做）

（2）假如孩子没有把真话说出来，事情会怎样发展？

《时间的脚印》教学设计

【教学目标】

1. 知识目标

（1）弄清本文的说明层次。

（2）找出本文的说明方法。

（3）体会本文语言的生动性、准确性。

2. 能力目标

训练学生的概括能力、逻辑思维能力、判断能力及语言表达能力。

3. 情感目标

（1）培养学生热爱大自然、热爱科学的感情。

（2）引导学生善于观察自然现象并从中悟出一定道理。

【学法引导】

（1）在通读课文的基础上，理解文章的主要内容。

（2）厘清课文思路。

（3）体味课文生动有趣的语言。

（4）以课文内容为联想点，拓宽视野，培养发散思维。

【重点·难点·疑点及解决办法】

1. 重点

（1）本文的说明层次。

（2）本文的语言特色。

（3）本文的写法特点。

2. 难点

本文说明的层次。

3. 解决办法

寓教于乐。在教师的启发点拨下，通过学生的读、说、写多项练习，调动学生自主学习和创新学习的积极性，活跃课堂气氛，师生共同完成教学目标。

【课时安排】

2课时。

【教具学具准备】

投影仪，多媒体，有关教科片。

【师生互动活动设计】

（1）启发学生走向自然，去探寻记录时间留痕的自然现象，并从中发现规律。

（2）课堂教学中分学习小组研讨问题，看哪组思维活跃，知识积累充足，答题准确率高。根据各小组的表现选出优胜组，给予表扬鼓励。

（3）观看有关教科片。

【教学步骤】

第一课时

导入新课：

同学们，你能解释一下什么是"时间"吗？你能谈一下自己对"时间"的感受吗？的确，时间不是可看可触的物质，但它是物质存在的一种客观形式，是由过去、现在、未来构成的连绵系统。它是物质的运动，是变化的持续性、顺序性的表现。那你们注意观察过自然界昭示我们时间流逝的现象吗？不错，树木的年轮、四季的轮回……可你们知道时间是怎样在岩石上打下烙印的吗？

（一）明确目标

（1）理解本文说明的科学常识。

（2）理解本文的说明层次。

（3）学习探究自然奥秘的规律性知识。

（二）整体感知

（1）本文共31个自然段，连同写在前面的四句诗，我们请32个同学（或32人次）来朗读，在朗读的过程中，勾画出生字词，不懂的科学术语或原理和自己感兴趣的语句或语段。

（2）朗读后教师按学习小组评价朗读的水平，然后要求大家默读，默读的过程中仍思考朗读时思考的问题，以便更好地理解文章。

（3）要求同学借助字词典给下列词语中加点的字注音，然后解释词语。

腐蚀（shí）：①通过化学作用，使物体逐渐消损破坏；②使人在坏的思想、行为、环境等因素影响下逐渐变质堕落。（本文用①义项）

浑浊（hún）：（水、空气等）含有杂质，不清洁，不新鲜。

海枯石烂（kū）：直到海水枯干，石头粉碎，形容经历极长的时间。但本文是原意。

山麓（lù）：山脚。

粗糙（cāo）：（质料）不精细；不光滑。

龟裂（jūn）：裂开许多缝子；呈现出许多裂纹。

刨刮（bào）：刮平。

沟壑（hè）：山沟。

胶结：糨糊、胶等半流体干燥后变硬黏结在一起。

钟鼎文（dǐng）：古代铜器上铸的或刻的文字，通常专指殷周秦汉铜器的文字。

甲骨文：古代刻在龟甲和兽骨上的文字，内容多是殷人占卜的记录，现在的汉字就是从甲骨文演变下来的。

楔形文字（xiē）：公元前3000多年美索不达米亚南部苏美尔人创造的文字，笔画像楔子，古代巴比伦人、亚述人、波斯人等都曾使用这种文字。

（三）教学过程

1. 学生讨论：你读了本文，了解了哪些方面的知识

讨论明确：

（1）躺在山野里的岩石，是大自然保存时间记录的一种方式。

（2）每一厘米的岩层便代表着几十年到上百年的时间。

（3）北京故宫里的计时装置——铜壶滴漏，是用水滴记录时间的方式。

（4）大自然中的各种物质都时时刻刻运动着。

（5）"海枯石烂"会有时。

（6）"石烂"的原因：它无时无刻不经受着从各方面带来的"攻击"：炎热的太阳烘烤着它，严寒的霜雪冷冻着它，风吹着它，雨打着它……空气和水中的酸类，腐蚀了岩石中的一部分物质。地面上和地下的生物也没有放弃对它的破坏。

（7）岩石的毁灭与生成过程。

（8）1米厚的岩石形成需要的时间：3000～10000年的时间。

（9）岩石形态"平卧"或"倾斜"的原因。

（10）根据岩石层与层之间的顺序可以知道过去的年月。

（11）岩石保存很多的历史痕迹。

（12）岩石的颜色和质料反映了地壳的活动。

（13）岩石记录了丰富的古代生物的状况。

（14）化石帮助我们认识地球历史的发展过程。

（15）岩石上留下了自然界某些转眼就消逝的活动。

（16）读懂岩石的记录对于人类的意义——找寻地下的宝藏。

2. 概括全文内容

学生讨论后明确：本文以充满智慧的笔触，娓娓而谈岩石能够记录时间的脚印的原因、记录的内容和人类读懂大自然这种记录的重大意义，以丰富的实例和富有启发性的语言，引起人们探索自然奥秘的兴趣。

3. 分小组讨论文章的结构层次

讨论明确：

本文按说明内容的自身的内在联系，可分为四部分：

第一部分（第1～5自然段）：由人类记录时间踪迹的方式联想到大自然记录时间的方式，进而提出"岩石是怎样记下时间"的疑问，引人思索和探寻。

第二部分（第6～21自然段）：从"大自然中的各种物质都时时刻刻在运动着"这一规律入手，详尽说明岩石"烂"与"生成"的变迁，旨在说明岩石层与层之间的顺序记录了时间的踪迹。

第二部分又可分为四个层次：

第一层（第6自然段）：总说自然界各种物质的运动。

第二层（第7～16自然段）：分说岩石"烂掉"的原因和过程。

第三层（第17～20自然段）：分说岩石生成的过程和历时的漫长。

第四层（第21自然段）：总说岩石的岩层与岩层之间的顺序记录时间的踪迹。

第三部分（第22～29自然段）：说明岩石为我们记录下的历史痕迹。

第四部分（第30～31自然段）：启发人们探索自然奥秘，说明读懂岩石记录的重大意义。

（四）总结、扩展

同学们，这篇科普文章以记录时间的方式为切入点，向我们介绍了有关岩石的丰富而有趣的科学知识，你由此对科普类文章有了怎样的认识呢？大家讨论讨论，然后踊跃争当中心发言人，谈出大家的共识。

大家对科普类文章应从以下几个方面去认识：

（1）科普类文章是传播科学知识、启迪青少年智慧的优秀读物，理趣、情趣兼备。

（2）科普类文章既有丰富的知识又是探索知识的钥匙。

（3）多读科普作品，了解神奇的世界，也了解人类伟大的创造和成就。

（4）读科普作品，增强求知欲，激发学科学、爱科学、用科学的热情。

（五）布置作业

略。

（六）板书设计

第二课时

导入新课：

说到化石时，本文提到了琥珀化石、长毛象化石。老师介绍一则琥珀、长毛象化石来历的小资料，听后与此文所说明的内容和方法比较一下，看有什么异同。

小资料：

琥珀化石只是化石中的一种。其实，化石有许多形态，有石质化石、煤化石，还有奇异的"冰冻化石"呢。

琥珀化石的来历：远古时，一只小昆虫正在树枝上休息。此时，它的上方，一滴树脂正在不落。它不知道危险正在向它逼近。树脂粘住了小昆虫，将它埋进树脂的"坟墓"中。经过沧桑变化，裹着小昆虫的树脂被埋入土中，又经过漫长的岁月，树脂变成化石，这就是琥珀化石。

冰冻化石：在距今1万多年前，在寒冷的地带生活着许多长着长毛的猛犸象。一天，一头猛犸象在暴风雨中跌下山崖，被埋进了厚厚的冰雪之中，冰冻起来。当这头猛犸象被科学家发掘出来时，它身上的毛发皮肤都还完好如初呢。

（一）明确目标

（1）厘清本文的说明方法，知道其作用。

（2）分析本文的写作方法。

（3）体会本文的语言特色。

（二）整体感知

1. 学生复习说明文的特点

在大家充分发言的基础上，教师重申强调：

说明文是以说明为主的一种文章体裁。它要求对事物的性质、特点、成因、功能等特征以及事理做客观的、科学的解释，从而给人以知识。知识性、科学性和说明性是说明文的主要特点。

2. 初学说明文的同学，容易产生说明文与记叙文文体的混淆，同学们能从写作意图、文章主要内容和主要表达方式三方面来辨析一下吗

（1）采用小组争答的形式，看哪位同学答得快而准。

（2）从文章主要内容上看，记叙文是以写人、记事、写景为主要内容，说明文则是以说明事物的形状、性质、成因、功用等特征，阐明事理，介绍知识为主要内容。

（3）从文章的表达方式上看，记叙文主要采用记叙和描写的方法，同时辅之以抒情和议论。说明文则主要采用介绍说明的方法，一般不用议论、抒情。说明文中的叙述，一般只用概述的方法，叙述是为说明服务的，因而不能运用艺术想象和夸张，叙述的重点必须与说明要点一致。说明文中也会用到描述的方法，但不同于记叙文中的描述。记叙文中的描述，讲究"形似"和"神似"，笔触细致。

《沁园春·雪》创新教学设计

【创新设计】

教学设想：

"恰同学少年，风华正茂"，青少年是祖国的未来、民族的希望，肩负着民族振兴的历史使命。党的十九大精神进教材、进课堂、进师生头脑，传递着夺取新时代中国特色社会主义伟大胜利的坚定信心，凝聚起万千学子同心共筑中国梦的磅礴力量。当前，响应上级教育部门和党政机关的号召，立足课堂教学，学习和落实十九大精神，培养热爱祖国、有梦想、有担当、有追求、有本领的有志青年是时代的呼唤，也是人才强国战略的迫切需要。

读毛泽东的作品，能读出并理解其伟人气魄，就算是成功了。这首词通过朗读能够激发学生的情绪，可以调动学生的激情，产生良好的课堂气氛。因此，通过精妙神奇的导入，激起学生的好奇之心，让学生带着崇敬的心来学习这首词，然后以朗读贯穿教学全过程，以评议关键词语做抓手，读议结合，以读促议，以读促理解。

环节1：课前自学准备

步骤1　明确课标要求

课题	沁园春·雪	课型	新授课	课时安排	2课时
课时分配	建议本课依据学情分课时。第一课时进行自主学习反馈及整体感知、结构梳理。第二课时进行课文具体感知的交流展示及当堂检测。可适当调节					
教学目标	1.熟悉了解本词的写作背景，让学生诵读课文，体会词的意境。（重点） 2.引导学生理解掌握本词写景、议论、抒情相结合的写法。（难点） 3.感受诗人的豪迈情怀，激发学生热爱祖国大好河山的思想感情。（重点）|				

步骤2　课前自主学习

课前预习	作者简介	毛泽东（1893—1976），湖南湘潭韶山冲（今属韶山市）人，字润之，笔名子任。中国伟大的无产阶级革命家、战略家、理论家、军事家。其诗气魄雄浑，意境开阔，描绘出了中国革命的壮丽画卷，代表作有《毛泽东选集》《毛泽东文集》《毛泽东诗词集》等。其中著名的有《论持久战》《沁园春·长沙》等
	写作背景	这首词写于1936年2月。遵义会议确立了毛泽东在全党全军的领导地位。毛泽东率长征部队胜利到达陕北之后，领导全党展开反抗日本帝国主义侵略的伟大斗争。在陕北清涧县，毛泽东曾于一场大雪之后攀登到海拔千米、白雪覆盖的塬上视察地形，欣赏"北国风光"，有感而发，写下了这首词。1945年8月，日本帝国主义投降后，毛泽东亲赴重庆与国民党谈判。在谈判期间，应柳亚子要求，毛泽东亲笔书写了这首咏雪词赠他。11月4日，重庆《新民报》晚刊据传抄件刊出。其后，一些报纸相继转载，一时轰动山城。1951年1月8日，《文汇报》附刊曾将毛泽东同志赠柳的墨迹制版刊出。本篇首次正式公开发表于《诗刊》1957年1月号

续 表

课前预习	文体知识	词兴起于唐，盛于宋，配乐歌唱，句子长短不一，也称长短句。一首词的字数、句数、段数、韵律、平仄，都有固定的格式，这就是词谱，词人依照词谱填词，词谱的名称叫词牌；比如《沁园春》《虞美人》《水调歌头》等。宋词有豪放派和婉约派。豪放派词作气势豪放，意境雄浑，充满豪情壮志，代表词人为苏轼、辛弃疾等。婉约派词作语言清丽含蓄，感情婉转缠绵，情调或轻松活泼，或婉约细腻，代表词人为柳永、李清照等
	读准字音	沁园春（qìn）　莽莽（mǎng）　分外（fèn）　妖娆（ráo） 稍逊（xùn）　风骚（sāo）　今朝（zhāo）　滔滔（tāo） 折腰（zhé）　大雕（diāo）　俱往矣（yǐ）　单于（chán yú） 成吉思汗（hán）　一代天骄（jiāo） 数风流人物（shǔ）　红装素裹（guǒ）
	辨清字形	骚（sāo）骚扰 搔（sāo）搔首弄姿 娆（ráo）妖娆 侥（jiǎo）侥幸 挠（náo）不屈不挠 驰（chí）驰骋 弛（chí）松弛 飘（piāo）飘落 缥（piāo）缥缈 剽（piāo）剽窃
	理解词语	惟余莽莽：只剩下白茫茫的一片。惟余，只剩。莽莽，词中是无边无际的意思。 顿失滔滔：指黄河因结冰而立刻失去了波涛滚滚的气势。 天公：指天。 红装素裹：形容雪后天晴，红日和白雪交相辉映的壮丽景色。 妖娆：娇艳美好。 折腰：鞠躬，倾倒。 秦皇汉武：指秦始皇嬴政和汉武帝刘彻。 文采：本指辞藻、才华。词中用来概括广义的文化，包括政治、思想、文化在内。 唐宗宋祖：指唐太宗李世民和宋太祖赵匡胤。 风骚：本指《诗经》里的《国风》和《楚辞》里的《离骚》。词中用来概括广义的文化。 一代天骄：指称雄一世的人物。天骄，"天之骄子"的省略语。 大雕：一种凶猛的鸟，飞得又高又快，不易射中，古人常用"射雕"来比喻善射。 俱往矣：都过去了。俱，都。 风流人物：这里指能建功立业的英雄人物

环节2：课堂教学展示

步骤3　课堂互动探究

新课展开	【初读课文，整体感知】 1. 范读全词（或放朗诵录音），学生想象词作所描绘的景象，初步体会词作所表达的感情。 2. 学生在整体把握的基础上，进行问题探究： （1）词的上阕主要写了什么，表现了什么？ 描写北国雪景，赞美了祖国的大好河山。表达了作者对祖国大好河山的热爱之情。 （2）词的下阕主要写了什么？表现了什么？ 议论历史人物，歌颂当今英雄。表达了作者的伟大抱负和坚定信念。 【品味亮点词语】 1. 下阕"引"出了哪些英雄人物？"惜"字包含了作者怎样的感情？ 秦始皇、汉武帝、唐太宗、宋太祖、成吉思汗。"惜"字肯定了这些英雄人物的功绩以及他们在中国历史上的巨大影响，也委婉地批评了他们的不足。 "惜"字包含后来者居上的伟大气概，体现了无产阶级的革命英雄必将胜过前人的坚定信念。 2. "望长城内外，惟余莽莽；大河上下，顿失滔滔。"这一句中的"惟"字和"顿"字好在哪里？ "惟"字强调了白茫茫的景色是唯一景象，其余什么也看不见了；"顿"字强调了黄河上下一下子失去波涛滚滚的气势，突出天寒地冻、河水结冰之迅速。 【感悟精彩句子】 1. "江山如此多娇，引无数英雄竞折腰"一句中的"折腰"改为"赞美"好吗？为什么？句中的"竞"字好在哪里？ 诗句中的"折腰"意为倾倒，展示了英雄人物为祖国山河倾倒的心情，并揭示出为之奋斗的动机。改为"赞美"，不合词的韵律，且少了形象性。 "娇"是一种女性美，与"红装素裹，分外妖娆"相照应。一个"竞"字，写尽了英雄之间激烈的争斗，写尽了一代代英雄的相继崛起。 2. 这首词语言凝练、精当，极富表现力，修辞手法的运用极为巧妙。请赏析"山舞银蛇，原驰蜡象"这句词。 这两句运用了比喻、对偶的修辞手法，把群山比喻成一条条银蛇在舞动，把高原上的丘陵比喻成许多白象在奔跑，生动形象地写出了群山、丘陵的动态美。 3. 赏析"千里冰封，万里雪飘"。 这两句运用了互文的修辞手法，即千万里都是冰封，千万里都是雪飘。"千里""万里"都远非目力所及，这是词人的视野在想象之中延伸扩展，意境更加开阔，气魄非常宏大。"冰封"凝然安静，"雪飘"舞姿轻盈，静动相衬，静穆之中又有飘舞的动态。

续 表

新课展开	【分析主体形象】 既然秦皇汉武、唐宗宋祖和成吉思汗都有"略输""稍逊""只识"的缺陷，那么谁配称真正的"风流人物"呢？ "今朝"的风流人物，是新时代在文治和武功两方面都有更杰出的才能、更伟大的抱负的人，应该是人民群众，也应该是领导人民群众进行斗争的无产阶级革命家，还应该是诗人的自况。这是诗人的自信和自励，是对无产阶级和人民大众的歌颂，是他们决心登上历史舞台的威武雄壮的宣言。 【把握文章主旨】 这首词作者通过描写北国雪景，抒发了怎样的思想感情？ 这首词以宏伟的气魄、生花的妙笔描写了雄伟壮阔而又妖娆美好的北国雪景，纵论历史上的英雄人物，抒发了作者对祖国壮丽河山的热爱之情，表达了作者的伟大抱负和坚定信念

步骤4 课堂学以致用

写作方法 运用	【深入研读，探究方法】 1.写景、议论、抒情三者有机结合。 词的上阕是写景。有概括描写：辽阔的北国漫天飞雪，大地冰封。有具体描写：长城内外，白雪覆盖，滔滔黄河，停止奔流，群山如银蛇飞舞，高原上的丘陵如蜡象奔驰。其中有静态描写，动态描写。有想象描写：雪后天晴，红装素裹，更加妖娆。这些描写，形象地勾画出一幅北国严冬的雪景图，句句洋溢着热爱祖国山河的豪情，令人心气豪爽，精神奋发。下阕是议论兼抒情。 由江山的多娇，想到为之倾倒的历代英雄，引出一番议论，历数秦皇、汉武、唐宗、宋祖、成吉思汗，指出他们的不足。最后歌颂无产阶级革命英雄，抒发无产阶级要主宰世界的壮志豪情。全词写景与评论密切关联，互相映衬。由于情感与景物相生，描写与议论结合，产生了强烈感人的艺术效果。 2.语言凝练、贴切，生动形象，极富表现力。 全诗仅114字，就清晰地勾画出一幅北国风光图，极有分寸地评价了上下几千年的五位杰出的历史人物，抒发了作者的抱负。"千里""万里"互文见义，表现祖国幅员辽阔，也反映作者视野的开阔。一个"望"字，既准确地描绘了作者观察景物的位置——登高望远，又有力地领起以下各句的景物描写。写想象中的雪后天晴、红日高照的美好景象时用一个"看"字，把作者的欣赏之状、无限赞叹之情表达得细致入微。"竞折腰""弯弓射大雕"，作者通过联想，使议论形象化。"俱往矣"三个字，将几千年封建社会的历史及一系列封建帝王一笔带过，转而歌颂"今朝"的"风流人物"，笔力千钧，意味深长。

续 表

写作方法运用	3.动静结合，虚实相生。 静景如"长城内外，惟余莽莽；大河上下，顿失滔滔"。动景如"山舞银蛇，原驰蜡象"，此句又是化静为动。这样动静结合，描写出北国壮丽的风光。词的上阕主要写景，从开头到"欲与天公试比高"为实写；"须晴日，看红装素裹，分外妖娆"是写想象中的雪后天晴，红日和白雪交相辉映的美好景象是虚写。 【方法活用，片段作文】 请从"花、草、树、山"四种静物中任选一个作为写作对象，运用化静为动的写法写一段文字。（100字左右）
教学板书	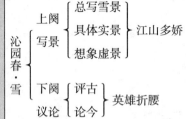

环节3：课后反馈总结

步骤5 课后达标检测

布置作业：教师引导学生课后完成本课时对应练习，并预习下一课时内容。

步骤6 课后教学反思

教学反思	这首词中，那雄伟壮阔的北国风光震撼人心，饱含了毛主席领导人民群众进行无产阶级革命的雄心壮志和坚定信念。 在教学中，教师让学生充分发挥想象，感受诗人站在高处远望北国雪景的豪迈情怀，进而让学生领悟本首词所抒发的情感，注意词的朗读语气与节奏的变化，充分理解作品的主旨，学生的积极性很高，老师的讲与学生的学达到了和谐统一

【方法指导】

对诗词内容的理解

对诗词内容的理解的答题思路应为：诗歌写了什么内容，表达了作者怎样的思想感情。

【技巧点拨】

（1）分析标题。分析标题，能够从中得到有效信息。

（2）研讨背景、注释。背景、注释中的一些内容具有提示主旨的作用。

（3）抓住意象。这是分析写景诗歌思想感情的常用方法。

（4）寻找诗（词）眼。诗（词）眼就是词作中最能体现作者思想观点、情感态度的词语或句子。

第二节　数学学科创新教学设计案例

《正数和负数》教学设计

【教学目标】

（1）知识掌握目标：使学生了解和掌握正数、负数和零的意义。

（2）技能目标：培养学生观察、分析、概括的逻辑思维能力和解决实际问题的能力。培养学生的创新意识和精神，培养学生的合作意识。

（3）德育目标：通过负数的引入，对学生进行爱国主义教育。

【教学重难点】

（1）教学重点：正数、负数的意义及如何区别意义相反的量。

（2）教学难点：如何引导和提高学生的思维，在教学中把握主动性，培养学生各方面的能力。

【教学过程】

教学环节	教学内容	设计意图
一、创设情境导入新课	本节课中，首先呈现给学生的是两幅冬日雪景动画画面。 师：同学们从这两幅动画中感觉到的是什么？谁能告诉我今天气温大约是多少度？动画里的温度大约是多少？能不能用我们所学过的数表示？ 生：天气比较冷/20℃/零下10℃/不能…… 师：正因为不能，为了解决这一问题，我们来学一些新数，从而引入新课题	这两幅动画符合学生的年龄特点，激发学生浓厚的学习兴趣，给新知识的引入提供了一个丰富多彩的空间

续　表

教学环节	教学内容	设计意图
二、获得新知 加深理解	师：像零下10℃我们可以记作"-10℃"，读作"负+摄氏度"。请举例说出生活中带负号的数。 生：海拔中的盆地／涨价等。 师：哪位同学愿意说说表中各数的意义？ 名称｜02国债（1）｜02国债（2）｜02国债（3） 涨跌/元｜+0.01｜-0.05｜-2.01 生：分别表示……	列举生活中的事例，让学生感受到数学来源于生活，我们身边的一切离不开数学
三、学生归纳 明晰概念	师：谁愿意说明正、负数的定义？ 生：正数是比零大的数，负数是比零小的数／零既不是正数也不是负数／带"-"的数为负等。 师：（屏幕显示）像5，2，2.011/2…这样的数叫作正数，它们都大于零。 在正数前面加上"-"的数叫作负数，如-10，-3… 0既不是正数，也不是负数	按组抢答，分别给各组打分
四、追本溯源 情感升华	师：谁知道负数最早来源于哪个国家？ 生：中国	对学生进行德育教育
五、实际应用 巩固提高	1. 按组抢答 师：在知识竞赛中，如果用+10表示加10分，那么扣20分怎样表示？某人转动盘，如果用+5圈表示沿逆时针方向转了5圈，那么沿顺时针方向转了12圈怎样表示？在某次乒乓球质量检测中，一只乒乓球超出标准质量0.02克记作+0.02克，那么-0.03克表示什么？ 生：记作-20／记作-12圈／低于标准质量0.03克。 2. 分组解答（利用屏幕） 师：现在，给出问题的一部分，请完成另一部分。 ①河道中的水位比正常水位低0.2米记作-0.2米，那么比正常水位（　　）0.3米记作（　　）。 ②如果上升3米记作+3，那么（　　）6米记作-6米，不升不降记作（　　）。 ③如果-20‰表示（　　）20‰，那么-6‰表示减少（　　）。 ④如果-20.50元表示（　　）20.50元，那么+100.57元表示盈利100.57元。	同一个知识点，用不同的题目，不同的回答形式更能调动学生的积极性

教学环节	教学内容	设计意图
五、实际应用 巩固提高	⑤如果节约20千瓦记作+20千瓦，那么（ ）10千瓦记作-10千瓦。 生：（略） 3.分组说一说 师：①零上，零下 ②东，西（两个相反方向） ③运进，运出 ④高，低 ⑤上升，下降 ⑥增加，减少 ⑦节约，浪费 生：（答案较多，或不完整，鼓励学生多答，学生有补充，和持反对意见的可以用不同的手势表达，并根据实际情况分别给各组打分） 4.比一比谁最聪明 师：我知道你们都很聪明，下面我们来比一比。（屏幕显示） 我校升旗仪式选拔队员，按规定女队员的标准身高为155cm，高于标准身高记为正，低于标准身高记为负，现有参选队员共5人，量得她们的身高后，分别记为-7cm、-5cm、-3cm、-1cm、6cm。若实际选拔女仪仗队员标准身高为150cm到160cm，那么上述5人中有几个人可以入选？ 师：哪一位同学来谈谈你的看法？学生们有补充，和持反对意见的可以用不同的手势表达，并根据实际情况分别给各组打分。 生：（略） 师：现在请各组上来两位同学现场演示一下，各同学写出自己的身高，请一位同学进行挑选	
六、总结交流 效果回收	师：通过本节课的学习，你有哪些收获和体会？ 生：正、负数的意义／用负数表示生活中的相反意义的量／在生活中数学无处不在，我要学好数学／我思考它是怎么样运算的…… 教师做最后的总结补充	把主动权交给学生，更能调动学生的积极性和培养学生的能力

【教学反思】

通过本节课的教学，教师对新教材有了更深刻的认识，从教学素材到知识结构，都更加符合学生的年龄特征及认知结构。在教学中应着重突出学生的自主、探究式的学习，通过交流、合作、研究、探讨，能够收到更好的教学效果。

《勾股定理》教学案例

学校课堂教学中学生的创新活动，绝大多数不是一种发明创造，而是创新素质的表现和培养过程。在教学中，设法使学生在接受数学知识的过程中，融入现代信息化教学手段，借助几何画板、视频媒体等引导学生主动地探究、发现解决问题，让学生有机会通过自己的操作归纳概括获取知识，让学生感受到数学来自生活，数学就在身边。以下教学案例就是在教学信息化大背景下的一个尝试。

【教材分析】

这节课是北师大版八年级上册第一章《勾股定理》第一节第二课时。勾股定理是几何中几个重要定理之一，它揭示的是直角三角形中三边的数量关系。它在数学的发展中起到了重要的作用，在现实世界中也有着广泛的作用。本节课是在上节课已探索得到勾股定理之后的内容，要求学生通过拼图验证勾股定理并体会其中数形结合的思想，应用勾股定理解决一些实际问题，体会勾股定理的应用价值，并逐步培养应用数学解决实际问题的意识和能力，为后面的学习打下基础。

【学情分析】

学生的知识技能基础：学生在上节课已经通过测量和数格子的方法，对特殊的直角三角形进行了探索并发现了勾股定理，但没有对一般的直角三角形进行一般性的验证。

学生活动经验基础：学生具有了一定的自主探究经验和合作学习经验，具备了一定的探究能力和合作与交流的能力，尤其在七年级《图案设计》的学习中积累了一定的拼图活动经验。

【教学目标】

1. 知识与技能

（1）经历勾股定理的探索过程，理解并掌握勾股定理，体会数形结合的思想；

（2）学会运用勾股定理解决简单的实际问题。

2. 过程与方法

（1）让学生切实经历"观察—探索—猜想—验证—归纳"的探索过程。探究验证勾股定理的三类方法：①等面积两算法；②无字的证明；③欧氏几何证明。

（2）发展合情推理能力，并体会数形结合、由特殊到一般、转化的思想方法。

3. 情感、态度与价值观

感受勾股定理的文化价值。使学生感受数学文化，培养民族自豪感和爱国主义精神，体会数学的精巧、优美。

【教学重难点】

（1）教学重点：勾股定理的证明和应用。
（2）教学难点：拼图、用计算面积的方法证明勾股定理。

【教法与学法分析】

1. 教学方法

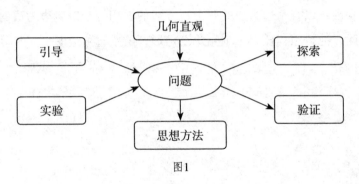

图1

2. 学习方法

动手实践、自主探索、合作交流。

【教学过程】

第一环节：史话勾股定理

师：上节课我们通过测量和数格子的方法发现了勾股定理，今天我们将通过更为一般的方法来验证勾股定理。这就是我们今天学习的探索勾股定理的第二课时，首先我们来看一段关于勾股定理历史的短视频。

视频大致内容：3000多年前，古巴比伦人和古埃及人都已经发现了勾股定理。在我国1000多年前，周朝数学家商高提出了"勾广三，股修四，径隅五"的勾股定理的特例，最早给出证明的是公元前6世纪古希腊数学家毕达哥拉斯，公元前4世纪，欧几里得在《几何原本》中给出了一种很好的证明。在我国最早给出证明的是数学家赵爽、刘徽在《九章算术》中用"青朱出入图"这种无字的证明方法验证了勾股定理，直到现在有500多种证明方法。今天就让我们沿着历史的足迹探究勾股定理。

第二环节：探究勾股定理的证明

（一）毕达哥拉斯证明勾股定理

师：看了这段视频，我们知道第一个证明勾股定理的是古希腊数学家毕达哥拉斯，这就是我们今天探究的第一种方法：毕达哥拉斯如何去证明勾股定理。

1. 历史背景（课件展示）

相传有一天，毕达哥拉斯去朋友家做客，发现朋友家的瓷砖是方砖，他在方砖上画了一个等腰直角三角形，并以三条边向外作了三个正方形，聪明的毕达哥拉斯发现：以直角边为边的两个正方形的面积等于以斜边为边的正方形的面积。由此，他猜想：任意一个直角三角形，两条直角边的平方和等于斜边的平方。

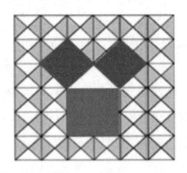

图2

2. 探究思路与方法（教师展示拼图并提问）

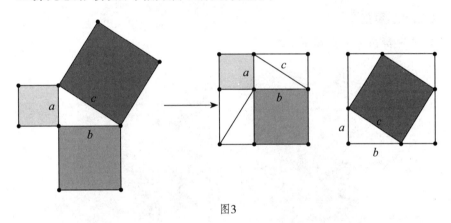

图3

师：如图3所示，第一个大正方形的边长是多少？

生：第一个大正方形的边长是$a+b$。

师：很好，那么我们拼的第二个大正方形的边长是多少呢？

生：第二个大正方形的边长也是$a+b$。

师：很好，这两个正方形的边长都是$a+b$，请问这两个正方形的面积相等吗？

生（齐答）：相等。

师：这两个正方形的面积怎样计算呢？通过你的计算能否证明$a^2+b^2=c^2$？请试一试。

师：看哪两位同学愿意上来写出证明过程。

生：证明：∵两个正方形的面积相等，

$$\therefore 4\times(ab\div2)+a^2+b^2=4\times(ab\div2)+c^2,$$

$$\therefore a^2+b^2=c^2.$$

生：证明：$\because (a+b)^2=4\times(ab\div2)+c^2$，

$\therefore a^2+2ab+b^2=2ab+c^2$，

$\therefore a^2+b^2=c^2$.

师：这两位同学都表现得非常棒，通过刚才我们的分析和两位同学的板演，我们发现这两个图形的面积是相等的，我们通过不同的算法得出了勾股定理的结论，这是毕达哥拉斯的证法。

（设计意图：将面积的关系转化为边长之间的关系体现了转化的思想。利用合作动手拼图活动，让学生发挥自己的聪明才智证明勾股定理，加强对定理的认知。让学生动手写出证明过程，体现学生是课堂的主体这一课标理念。）

（二）赵爽弦图

1. 历史背景（课件展示）

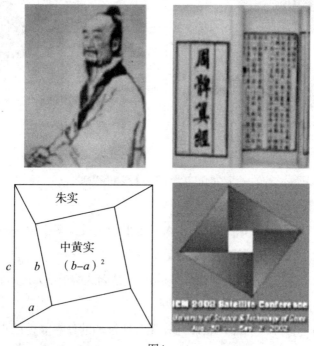

图4

在我国最早给出证明的是公元前3世纪的数学家赵爽，他在《周髀算经》中用一张他所谓的弦图证明了勾股定理。2002年全世界数学家大会的会徽就是这张弦图，以此来纪念这位伟大的数学家。

接下来我们再来看看我国数学家赵爽是怎么证明勾股定理的。

2. 探究赵爽弦图的思路与方法

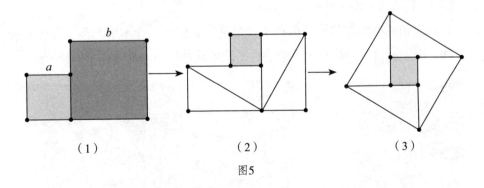

图5

如图5所示，教师利用几何画板演示将两个小正方形拼成赵爽弦图。提问：图5中第二个图中灰色的小正方形的边长是多少？

生5：这个小正方形的边长是$b-a$。

师：很好，我们利用刚才几何画板四个全等的直角三角形，通过旋转其中的两个，会发现形成如图5中的第三个图形，这就是著名的赵爽弦图。请问赵爽弦图的这个大正方形的边长是多少？

全体学生：c。

师：那么这个赵爽弦图的面积有几种算法？下面我们以小组为单位，拼出这个赵爽弦图，并在练习本上写出如何用赵爽弦图来证明勾股定理。

（学生小组交流拼出赵爽弦图，并写出证明过程，教师巡回指导，请一小组同学板演展示讲解。）

（这里充分利用了初中学生的好奇心和好胜心，给静态知识注入了活力，同时在课堂上增添了观察、探究等可形成能力的新因素。这样不仅可以调动学生的已有经验，沟通相关知识，而且还能培养学生观察、动手实践的能力。另外，在整个拼图过程中，学生自始至终处于主体位置，老师只是他们的学习合作伙伴，在巡视的同时，给个别小组以适当指导。这样的设计体现了数学活动的教育思想，有利于学生在建构的环境中，真正主动地建构自己的理解。）

师：这一组同学表现得非常好，下面我们来总结一下：不论是毕达哥拉斯证法，还是赵爽弦图的证法，它都是拼成了面积相等的两个图形，然后用两种不同的算法推导出结论。这种方法我们把它归纳为证明勾股定理法的第一种方法：等面积两算法。

师：接下来我们再来看一下第二种验证勾股定理的方法。

（三）青朱出入图（无字的证明）

比赵爽稍晚些的数学家刘徽在《九章算术》中用"青朱出入图"验证了勾股定理，由于证明过程没有用一个字，因此把这种证明又称为无字的证明。

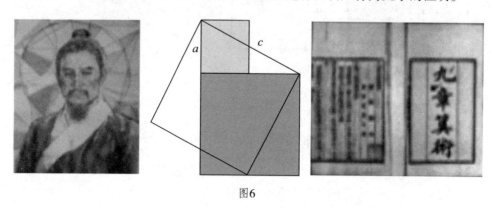

图6

师：接下来让我们借助几何画板来探究青朱出入图是如何验证勾股定理的。

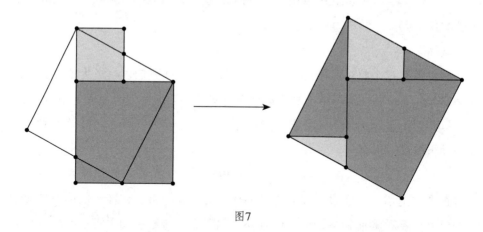

图7

我们要证明两个小正方形的面积等于大正方形的面积，可以把两个较小的正方形平移，得到如图7所示第一个图形，然后把两个小正方形多余的部分减下来，放到大正方形空缺的地方，得到如图7中的第二个图形。这就是神奇的青朱出入图。（此间可请学生上黑板动手操作，增加感性认知）通过平移，拿出多余的部分，放入空缺的部分，然后我们会神奇地发现，两个小正方形正好布满了大正方形。这样我们就验证了勾股定理。

师：这种证明方法我们把它归结为今天的第二类证明方法：无字的证明

（青朱出入图）。

（四）欧几里得证明

1. 历史背景

公元前4世纪，欧几里得在《几何原本》中给出了一种很好的证明，因为他证明的时候画出的图像一把新娘的椅子，所以也称为"新娘的椅子证法"。

2. 探究欧几里得证明的思路与方法

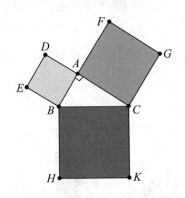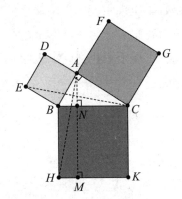

图8

（1）教师分析思路并给出辅助线方法：从Rt△ABC的三条边向外各作一个正方形（如图8所示），作$AN \perp BC$交AM于N，那么正方形BHKC被分成两个矩形。连接AH和EC。

（2）小组交流验证方法。（多媒体展示）

∵矩形BHMN和△ABH同底等高，

∴$S_{矩形BHMN}=2S_{\triangle ABH}$.

又∵正方形ABED和△EBC同底等高，

∴$S_{正方形ABED}=2S_{\triangle EBC}$.

又∵△EBC≌△ABH，由此可得$S_{矩形BHMN}=S_{正方形ABED}$，

同理可证$S_{矩形NCKM}=S_{正方形AFGC}$，

∴$S_{矩形BHMN}+S_{矩形NCKM}=S_{正方形ABED}+S_{正方形AFGC}$，

即$S_{正方形BCKH}=S_{正方形ABED}+S_{正方形AFGC}$，也就是$a^2+b^2=c^2$.

（这种证明方法较难，因此在学生讨论的基础上教师应展示证明过程）

师：欧几里得的这种证明方法和前面我们学习的证明方法都有所不同，他是用欧氏几何来证明的，这是我们今天学习的第三类证明方法：欧式几何证法。

师归纳：今天我们探究了四种方法，用三种类型来证明了勾股定理。第一种类型：等面积两算法，以赵爽的"弦图"和毕达哥拉斯证法为代表，用几何图形的截、割、拼、补，一图两算来证明代数式之间的恒等关系。第二种类型是以刘徽的"青朱出入图"为代表的"无字证明"。第三种类型是以欧几里得的证明方法为代表，运用欧氏几何的基本定理进行证明。其实勾股定理的证明还有好多种证明方法，据统计，迄今为止，勾股定理的证明约有500种证明方法，是数学定理中证明方法最多的定理之一。同学们课下可以查找资料了解一下。下面我们来欣赏一下几种证明方法。

师：（展示图片提问）大家觉得这两种证明方法分别是我们今天学的哪一种类型呢？

总统巧证勾股定理

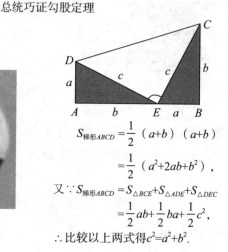

$$S_{梯形ABCD} = \frac{1}{2}(a+b)(a+b)$$
$$= \frac{1}{2}(a^2+2ab+b^2),$$

又 $\because S_{梯形ABCD} = S_{\triangle BCE} + S_{\triangle ADE} + S_{\triangle DEC}$
$$= \frac{1}{2}ab + \frac{1}{2}ba + \frac{1}{2}c^2,$$

$\therefore$ 比较以上两式得 $c^2 = a^2 + b^2$.

图9

印度、阿拉伯世界和欧洲出现的一种拼图证明

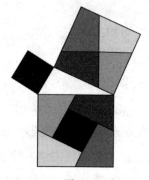

图10

师：图9的证明方法是美国第二十任总统伽菲尔德对勾股定理的证明，我们也称这种证明方法为"总统证法"。那么大家觉得这种证明方法属于我们今天学习的哪一种类型呢？

生：等面积两算法。

师：非常棒，这种证明方法不难，大家可以自己在课后尝试证明。图10的证明方法属于我们今天学习的哪种类型呢？

生：无字的证明。

师：很好，这就是我们今天学的无字的证明。无字的证明达·芬奇也做过，称为"达·芬奇证法"，大家课后可以了解一下。

师：今天勾股定理的验证我们就讲这么多，给大家一个启发，大家下去以后可以对自己感兴趣的证法进行研究。

（设计意图：展示勾股定理的几种较著名的证法，以此来激发学生探索的兴趣）

第三环节：勾股定理的应用

师：接下来我们来看勾股定理的应用。（教师出示例题）

例：飞机在空中水平飞行，某一时刻刚好飞到一个男孩子头顶上方4km处，过了20s，飞机距离这个男孩子头顶5km，问飞机每小时飞行多少千米？

师：现在请大家在练习本上单独完成例题。（学生思考单独完成，小组派代表展示讲解）

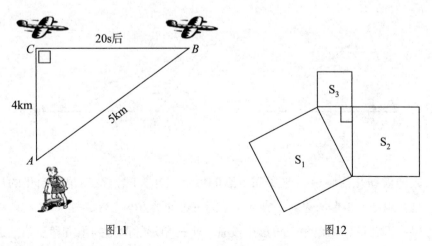

图11　　　　　　　　　　　　　　图12

第四环节：课堂练习

（教师展示练习题，学生独立思考完成，小组派代表汇报展示）

1. 如图12所示，三个正方形中有两个正方形的面积S_2、S_3分别为144、169，则第三个正方形的面积S_1为_____.

2. 如图13所示，是某沿江地区交通平面图，为了加快经济发展，该地区拟修建一条连接B，C，E三城市的沿江高速，已知沿江高速的建设成本是100万元/km，该沿江高速的造价预计是多少？

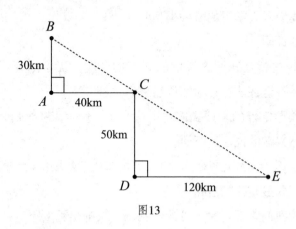

图13

第五环节：拓展延伸

师：接下来我们来进行一个讨论。（在几何画板演示下小组讨论）

在前面已经讨论了直角三角形三边满足的关系，那么锐角三角形或钝角三角形的三边是否也满足这一关系呢？

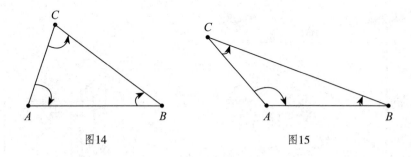

图14   图15

教师借助几何画板，改变三角形的形状，并提问：在三角形变化的过程中，是否满足三角形两边的平方和等于第三边的平方？

生：不满足，在锐角三角形中没有一个三角形的两边的平方和是第三边的平方。

在任意一个三角形中，如果一个角是锐角，那么这个三角形中夹这个锐角的两边的平方和与第三边的平方有怎样的大小关系呢？如果这个角是钝角呢？（以图16中的∠P为例来探讨，教师借助几何画板演示，移动点P，改变∠P的大小提问）

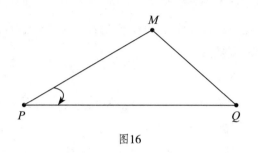

图16

师：如果∠P是锐角，那么这个三角形中夹这个锐角两边的平方和与第三边的平方有怎样的大小关系呢？

生：如果∠P是锐角，那么夹这个锐角的两边的平方和大于第三边的平方。

师：如果∠P是直角，那么三边满足的关系就是勾股定理，如果∠P是钝角的情况呢？

生：如果∠P是钝角，那么夹这个钝角的两边的平方和小于第三边的平方。

第六环节：课堂小结

师：通过本节课的学习，我们有哪些收获？

生1：我们学习了证明勾股定理的三种类型，即等面积两算法、无字的证明和欧氏几何证明。

生2：我们学会了应用勾股定理来解决简单的实际问题。

师：很好，我们今天主要探究了勾股定理的几种证明方法，其实勾股定理反映的是直角三角形中的三条边之间的关系，已知两边可以求第三边。勾股定理的应用非常广泛，它是联系数学中数与形的第一个定理，是数形结合思想的最初体现，自从我国古代数学家发现勾股定理后，它对数学产生了巨大的作用和影响，我们不仅要为之自豪，更要切实学好它。

【课后反思】

学校课堂教学中学生的创新活动，绝大多数不是一种发明创造，而是创新素质的表现和培养过程，学生的创新活动得到什么结论是次要的，重要的是使学生的创新素质得到培养，这是中学数学课堂教学创新教育的价值取向。

本节课的教学过程由史话勾股定理引入，通过短视频介绍勾股定理，让学生了解勾股定理的历史，增强民族自豪感；借助几何画板动态的演示，增强直观感知；通过拼图、动手操作，培养学生的动手能力；通过小组合作探究，培养学生合作交流的能力；通过学生的板演展示，培养学生的表达能力，体现以学生为主体的课堂教学理念。

本节课的成功之处：

（1）以勾股定理的历史小视频故事激趣收到了良好效果，学生产生了质疑意识，教师顺势引导，提出问题，紧扣了中心。

（2）由于实现了教师角色的转变和教法的创新，师生平等，关系融洽，气氛活跃，课堂民主，学生积极参与，在他们心底涌现出了一股浓烈的学习欲望。

（3）面向全体学生、以人为本的教育理念落实到位，学生主体性得到充分体现。由于实现了学生角色的转变和学法的创新，整节课几乎都是学生自主实验、自主探索、自主完成由形到数的转化，学生的主动性及合作精神都得以体现。教师只是作为他们的一分子参与研究，起组织、引导的作用。

（4）通过动手实验，并经推理论证，学生取得了勾股定理的新证法研究成果，一些新思路延伸到课外研究。同时借助几何画板，动态地演示图形的变化，开阔了学生的视野，增强了学生的感性认知。

（5）研究成果不仅极大地丰富了学生对勾股定理的证明的认识，而且学生从中获得了利用已知探求未知数学知识的能力和方法，创新素质得到了培养和提高，这对学生今后的学习和将来的发展是大有裨益的。

《图形的旋转作图》教学设计

【学生起点分析】

学生已对轴对称、平移这两种简单的全等变换有了很好的认识，并对旋转有了初步的了解。教材将旋转变换安排于此，目的是力求让学生从动态的角度观察图形、分析问题。由于旋转与轴对称、平移都是全等变换，在特征上既存在共性又有特性，而学生已经掌握了轴对称、平移的特征，因此，探索、理解旋转区别于轴对称、平移的特征成了本节课学习的重要任务。

【教学任务分析】

本节课的主要内容是通过实例进一步认识旋转变换，探索、理解旋转的特征，并应用旋转的特征作图，解决简单的图形问题。

【教学目标】

1. 知识目标

（1）简单平面图形旋转后的图形的作法。

（2）确定一个三角形旋转后的位置的条件。

2. 能力训练

（1）对具有旋转特征的图形进行观察、分析、画图和动手操作等过程，掌握画图技能。

（2）能够按要求作出简单平面图形旋转后的图形。

3. 情感态度与价值观

（1）通过画图，进一步培养学生的动手操作能力。

（2）对具有旋转特征的图形在进行观察、分析、画图过程中，进一步发展学生的审美观念。

【教学重难点】

（1）教学重点：简单平面图形旋转后的图形的作法。

（2）教学难点：简单平面图形旋转后的图形的作法。

【教学方法】

观察思考，交流讨论，探索归纳。

【教具】

圆规，直尺，三角板，网格纸。

【教学过程设计】

本节课设计了五个教学环节。第一环节：巧设情境问题，引入课题；第二环节：观察操作、探索归纳旋转的作法；第三环节：课堂练习；第四环节：课时小结；第五环节：课后作业。

第一环节：巧设情境问题，引入课题

大家来看一面小旗子（出示小旗子，然后一边演示一边叙述），把这面小旗子绕旗杆底端旋转90°后，这时小旗子的位置发生了变化，形成了新的图案，你能把这时的图案画出来吗？

在原图上找到四个点，即O点、A点、B点、C点，如图1所示（教师把该生所画的图在投影上放映），这四个点是表示这面小旗子的关键点。因为旋转前后两个图形的对应点到旋转中心的距离相等，对应点与旋转中心的连线所组成的旋转角彼此相等，所以根据已知：要把这面小旗绕O点按顺时针旋转90°，我在方格中找到点A、B、C的对应点A'、B'、C'，然后连接，就得到了所求作的图形。

作图的一个要点：找图形的关键点。

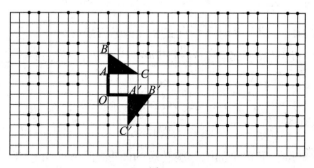

图1

这面小旗子是结构简单的平面图形，在方格纸上大家能画出它绕点旋转后的图形，那么在没有方格纸或旋转角不是特殊角的情况下，能否画出简单平面图形旋转后的图形呢？

这节课我们就来研究：简单的旋转作图。

（1）活动目的：数学来源于实际生活，使学生感受到生活中处处有数学。通过结构简单的小旗子，在方格纸上画出它绕点旋转后的图形，从而引出在没有方格纸或旋转角不是特殊角的情况下如何画旋转后的图形。

（2）效果：通过在方格纸上画出小旗子绕点旋转后的图形，为下一步的学习打下了基础。但学生的语言并不规范，有待在后面的学习中教师逐步引导，在这里可以让学生各抒己见，用自己所学的知识合情推理自己的结论，养成一个好的数学思维习惯。

第二环节：观察操作、探索归纳旋转的作法

1. 观察、作图

先利用多媒体逐一演示点、线段、多边形的旋转，再让学生观察、动手画图。

（1）点的旋转

（以单摆为模型，并将此抽象为"点的旋转"）

试着找一找如图2所示A点绕O点顺时针旋转30°后所在的位置。

图2

（2）线段的旋转

试着画一画线段AB绕O点逆时针旋转90°后所得的线段（O点在线段外）。

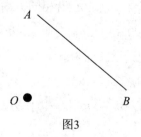

图3

（3）多边形的旋转

试着画△ABO绕O点逆时针旋转60°后所得的三角形。

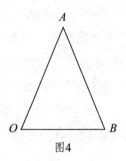

图4

2. 例题讲评、规范作图

例：如图5所示，△ABC绕O点旋转后，顶点A的对应点为点D，试确定顶点B，C对应点的位置，以及旋转后的三角形。

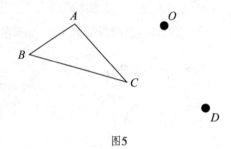

图5

分析：一般作图题，在分析如何求作时，都要先假设已经把所求作的图形作出来，然后再根据性质，确定如何操作。

假设顶点B、C的对应点分别为点E、F，则∠BOE、∠COF、∠AOD都是旋转角。△DEF就是△ABC绕点O旋转后的三角形。根据旋转的性质知道：经过旋转，图形上的每一点都绕旋转中心沿相同方向转动了相同的角度，即旋转角相等，对应点到旋转中心的距离相等，则∠BOE＝∠COF＝∠AOD，OE＝OB，OF＝OC，这样即可求作出旋转后的图形。

解：（1）连接OA，OD，OB，OC.

（2）如图6所示，分别以OB、OC为一边作∠BOE，∠COF，使得∠BOE＝∠COF＝∠AOD.

（3）分别在射线OE、OF上截取OE＝OB、OF＝OC。

（4）连接EF，ED，FD.

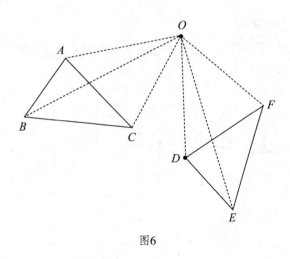

图6

△DEF就是△ABC绕O点旋转后的图形.

本题还有其他作法可以作出△ABC绕O点旋转后的图形是△DEF吗？

1. 可以先作出点B的对应点E，连接DE，然后以点D、E为圆心，分别以AC、BC为半径画弧，两弧相交于点F，连接DF、EF，则△DEF就是△ABC绕点O旋转后的图形。

2. 也可以先作出点C的对应点F，然后连接DF。因为△ABC与△DEF全等，所以既可以用两边夹角，也可以用两角夹边，找到点B的对应点E，即△DEF。

确定一个三角形旋转后的位置的条件为：（1）三角形原来的位置。（2）旋转中心。（3）旋转角。

这三个条件缺一不可。只有这三个条件都具备，我们才能准确地找到一个三角形绕点旋转后的位置，进而作出它旋转后的图形。

活动目的：第一个活动由学生自己利用旋转的性质画简单图形点、线段、三角形的旋转，由简到难，总结画图的方法技巧，知道画图的关键。这样学生更有成就感，并产生继续探索的精神。

第二个活动画三角形定点旋转，对学生有点难度，通过设置问题的回答，使学生直接观察得到旋转角，利用尺规作图画出旋转以后的图形。

效果：操作性强又富有挑战性的数学活动，激发了学生学习的兴趣，对旋转作图的方法，学生掌握得比较好。但是，在开发学生利用已有知识，主动进行新知探究方面还不理想。

第三环节：课堂练习

1. 课本随堂练习。画出字母N绕它右下侧的顶点按顺时针方向旋转90° 后的图形。

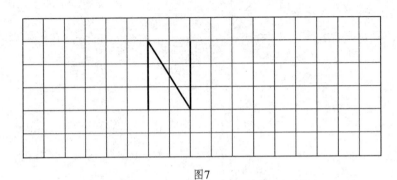

图7

2. 在图中画出线段AB绕O点顺时针旋转50° 后所得的线段。

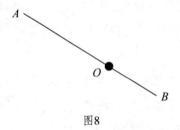

图8

3. 小明和妈妈在广场游玩时，看见许多喷水嘴正在给草坪浇水。喷水嘴不停地旋转着，但每时每刻喷出的水雾总是四分之一圆。妈妈问："小明，如果喷出水雾的范围内有一正方形，喷水嘴位于它的中心，你知道喷水嘴在旋转的过程中瞬时浇过正方形区域的面积是多少吗？"同学们，请你替小明做出回答。

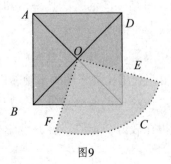

图9

活动目的：进一步明晰旋转的性质、作图的关键、作图的方法技巧，并检测学生对知识的掌握情况。

效果：通过练习评价学生对本节课知识的掌握情况。

第四环节：课时小结

让学生对课堂学习进行归纳总结，然后小组内交流学习心得。

第五环节：课后作业

课本第79页随堂练习2，知识技能1、2。

【教学设计反思】

在教学过程的设计上，通过一幅旋转对称图片创设情景，吸引学生注意力，引出新课课题；进而通过旧知的回顾，为新知的探索做好铺垫。其中第一题主要是加深学生对旋转基本概念的理解，第二题是为学生用类比的思想方法探索旋转特征做铺垫。

在教学的全过程中，教师始终以提问、指导学生操作等方式引导学生发现规律，所有的特征都是通过让学生回顾自己的操作过程和观察自己的画图作品，体会、归纳得出。这样可以有效地培养学生的合作交流意识以及独立思考问题、解决问题的能力。

《探索实际问题与一元一次方程》教学设计

【教材分析】

本节内容是一元一次方程应用的延伸与拓展，它进一步让学生亲身经历将实际问题抽象成数学模型并进行解释与应用的过程，同时又渗透了函数与不等式的思想，为以后内容的学习奠定了必要的数学基础，本节内容具有承上启下的作用。学生能深刻地认识到方程是刻画现实世界有效的数学模型，领悟到"方程"的数学思想方法。总之，本节内容无论在知识上还是在数学思想方法上，都是很好的素材，能很好地培养学生的探索精神、应用意识以及创新能力。

【教学重难点】

本节的重点是探索并掌握列一元一次方程解决实际问题的方法。而方程的建模思想学生还是初步接触，寻找相等关系对学生来说仍相当困难，所以确定"找出已知量与未知量之间的关系，尤其是相等关系"为本节的难点之一；列方程解应用题的最终目标是运用方程的解对客观现实做出合理的解释，这是本节的难点之二。

【教学目标分析】

（一）知识技能目标

1. 目标内容

（1）结合生活实际，会在独立思考后与他人合作，结合估算和试探，列出一元一次方程解决本节的三个实际问题，并能解释结果的实际意义及其合理性。

（2）培养学生建立方程模型来分析、解决实际问题的能力以及探索精神、合作意识。

2. 目标分析

（1）本节的内容就是通过列方程、解方程来解决实际问题，这是必须掌握的知识，估算与试探的思维方法也很重要，这是发现和解决问题的有效途径。

（2）七年级的学生对数学建模还比较陌生，建模能突出应用数学的意识，而探索精神和合作意识又是课标所大力倡导的，因而必须加强学生这方面能力的培养。

（二）过程目标

1. 目标内容

在活动中感受方程思想在数学中的作用，进一步增强应用意识。

2. 目标分析

利用方程解决问题是有用的数学方法，学生在前两节的数学活动中，有了一些初步的经验，但是更接近生活，更富有挑战性的问题则需要师生合作，探索解决。

（三）情感目标

1. 目标内容

（1）在探索中获得成功的体验，激发学生学习数学的兴趣，享受与他人合作的乐趣，建立自信心。

（2）通过对实际问题的解决，进一步体会"数学来源于生活，且服务于生活"的辩证思想。

2. 目标分析

七年级学生的年龄特征决定了他们好奇心强、思想活跃、求知心切。利用教材培养学生良好的学习习惯、方法和品质，这是落实新课标倡导的教育理念的关键。

【教材处理与教法分析】

本节内容拟定两课时完成，今天讲课的内容是第一课时（探究Ⅰ、探究Ⅱ）。根据本节课的特点及七年级学生的心理特征和认知特征，本节课采用探索发现法进行教学，在活动中充分体现学生是学习的主人，教师是学习的组织者、引导者、合作者。本节课借助多媒体辅助教学，给学生以直观形象的演示，增强感性认识，增强教学效果。课中以设疑提问、分组活动等方式，激发学生的学习兴趣，引导学生自主探索与合作交流，主动获得知识。

【教学过程分析】

（一）教学过程流程图

探究Ⅰ、探究Ⅱ。

（二）教学过程Ⅰ

（以探究为主线、形式多样化）

1. 问题情境

（1）多媒体展示有关盈亏的新闻报道，感受实际生活中的数学问题。

（2）据此生活实例，展示探究Ⅰ，引入新课。

考虑到学生不完全明白"盈利""亏损"这样的商业术语，故针对性地播放相关新闻报道，然后引出要探索的问题Ⅰ。

2. 讨论交流

（1）学生结合自己的生活实际，交流对"盈利""亏损"含义的理解。

（2）学生交流后，老师提出问题：某件商品的进价是40元，卖出后盈利25%，那么利润是多少？如果卖出后亏损25%，利润又是多少？（利润是负数，是什么意思？）

（3）要求学生对探究Ⅰ中商店的盈亏进行估算，交流讨论并说明理由。在讨论中学生对商店盈亏可能出现不同的观点，因此引导学生用数学方法解决问题，统一认识。

（4）师生互动，要知道究竟是盈还是亏，必须先知道什么？从而引出要算出每件衣服的进价。

让学生讨论盈利和亏损的含义，理解其概念，建立感性认识；乍一看，大多数学生可能在大体估算后得到不亏不盈，直觉上也是如此，但要解决实际问题，还要知其原价（未知量），从这一分析引入未知量，为后面建立模型做了必要的铺垫。

3. 建立模型

（1）学生自主探索，寻找已知量与未知量之间的关系，确定相等关系。

（2）学生分组，根据找出的相等关系列出方程，其中一组计算盈利25%的衣服的进价，另一组计算亏损25%的衣服的进价。

（3）师生互动：①两件衣服的进价和为_____；②两件衣服的售价和为_____；③由于进价_____售价，由此可知两件衣服的盈亏情况。

（教师及时给出完整的解答过程）

学生分组、计算盈亏；教师参与、适当提示；师生互动、得到决策。这样的设计，让学生体会到合作交流、互相评价、互相尊重的学习方式，有利于学生知识的形成与发展，也有利于学生健康人格的养成。这样的设计易于突出重点、突破难点，巩固应用一元一次方程做工具来解决实际问题的方法，也很好地让学生从已有的经验中、活动中，有意义地构建自己的知识结构，获得富有成效的学习体验。

4. 小结

一个感悟：估算与主观判断往往与实际情况大相径庭，需要我们通过准确的计算来检验自己的判断。培养学生科学的学习态度与良好的学习作风。

（三）教学过程 II

在灯具店选购灯具时，由于两种灯具价格、能耗的不同，引起矛盾冲突。恰当的问题情境激发学生探索的欲望，同时让学生体会到数学来源于生活，又服务于生活的实用性。

启发：选择的目的是节省费用，费用又是由哪些因素决定的？学生讨论得出结论。

1. 列代数式

费用＝灯的售价＋电费。

电费＝0.5×灯的功率（千瓦）×照明时间（时）。

在此基础上，用 t 表示照明时间（小时）。要求学生列出代数式表示这两种灯的费用。

节能灯的费用（元）：$60＋0.5×0.011t$.

白炽灯的费用（元）：$3＋0.5×0.06t$.

分析各个量之间的关系，列出代数式，为后面列方程，并进一步探索提供了基础。

2. 特值试探具体感知

学生分组计算：$t＝1000$、2000、2500、3000 时，这两种灯具的使用费用，填入表1：

表1

时间（小时）	1000	2000	2500	3000
节能灯的费用（元）				
白炽灯的费用（元）				

学生填完表格后，展示由表格数据制成的条形统计图。

引导学生讨论：从统计图表中，你发现了什么？

问题的答案是多样的，师生共同得出：照明时间不同，做出的选择不同。

由于在前面的第二节，学生已经学过"两种移动电话计费方式"的一道例题，因此，学生应该能较熟练地完成表格中的特值试探。又因为七年级学生的认知以直观形象为主，再给出统计图，完成特殊到一般、感性到理性的深化。

3. 方程建模

观察统计图，你能看出使用时间为多少（小时）时，这两种灯的费用相等吗？

列出方程：

$60+0.5×0.011t=3+0.5×0.06t$。

4. 合作交流，解释拓展

（1）照明时间小于2327小时，用哪种灯省钱？照明时间超过2327小时，但不超过3000小时，用哪种灯省钱？

学生分组讨论，交流各自的看法。

（2）如果计划照明3500小时，则需购买两个灯，设计你认为合理的选灯方案。

学生分组、讨论购灯方案只有三种：①两盏节能灯；②两盏白炽灯；③一盏节能灯、一盏白炽灯。

学生计算各种方案所需费用。

关于选灯方案③，学生可能会有不同的结果，先让学生充分展示他们的计算理由，然后对学生得出"使用节能灯3000小时，白炽灯500小时"的结论，给予充分肯定，并引导学生寻找理论依据，列式验证：

设节能灯的照明时间为t（小时），那么总费用为：

$60+3+0.5×0.011t+0.5×0.06×（3500-t）=168-0.0245t（0≤t≤3000）$

观察上式可以看出，只有当$t=3000$时，总费用最低。

培养学生合作交流，倾听他人意见，并从交流中获益的学习习惯，综合各方面信息的能力。讨论（2）需要考虑的情形不止一种，通过这一问题，培养分类讨论的思想，养成缜密的思维品质。此处渗透着函数、不等式和分类讨论的思想，为后面学习实际问题提供了实践经验。

5. 反馈练习

一家游泳馆每年6—8月出售夏季会员证，每张会员证80元，只限本人使用，凭证购入场券每张1元，不凭证购入场券每张3元，讨论并回答：

（1）什么情况下，购会员证与不购会员证付相同的钱？

（2）什么情况下，购会员证比不购会员证更合算？

（3）什么情况下，不购会员证比购会员证更合算？

通过适时的反馈练习，加深学生对这一知识的理解，逐步完善自己的知识结构。

【教学小结】

学生分组小结"本课学到了什么"，各组发言交流体验，教师总结。

【设计说明】

七年级学生的年龄特征决定了他们好奇心强，思想活跃、求知心切。因此，教师从"以人为本"的理念出发，依据数学的工具性和人文性等特点，在整个教学活动中始终关注学生的发展，培养学生的创新精神与创新能力。

（一）充分尊重学生的主体地位

发挥学生的主体作用，坚持让学生自主探索、合作交流，展示学生的思维过程。

（二）树立方程建模思想

突出解释与应用，渗透函数、不等式、分类讨论等数学思想和方法，培养学生应用数学的意识。

（三）注重对学习过程与方法的评价

关注学生参与数学活动的热情，与他人合作的态度，以及独立分析问题、解决问题的能力，力争让不同的人在数学上得到不同的发展。

（1）某种商品因换季打折出售，如果按定价的七五折出售将赔25元；而按定价的九折出售将赚20元，问这种商品的定价为多少元？

（2）某商店为了促销A牌高级洗衣机，规定在元旦那天购买该机可以分两期付款，在购买时先付一笔款，余下部分及它的利息（年利率为5.6%）在明年的元旦付清，该洗衣机售价是每台8224元，若两次付款相同，问每次应付款多少元？

（3）工厂甲、乙两车间去年计划共完成税利720万元，结果甲车间完成了计划的115%，乙车间完成了计划的110%，两车间共完成税利812万元，求去年两个车间各超额完成税利多少万元？

（4）一辆汽车用40千米/时的速度由甲地驶向乙地，车行3小时后，因遇雨平均速度被迫每小时减少10千米，结果到达乙地时比预计的时间晚了45分钟，求甲、乙两地间的距离。

（5）甲、乙两人合办一小型服装厂，并协议按照投资额的比例多少分配所得利润，已知甲与乙投资比例为3：4，第一年共获利30800元，问甲、乙两人可分别获利多少元？

（6）有人问老师班级有多少名学生时，老师说："一半学生在学数学，四分之一学生在学音乐，七分之一学生在读外语，还剩六名学生在操场踢球。"你知道这个班有多少名学生吗？

（7）某人10时10分离家去赶11时整的火车，已知他家离车站10千米，他离家后先以3千米/时的速度走了5分钟，然后乘公共汽车去车站，问公共汽车每小时至少走多少千米才能不误火车？

【综合运用】

1. 某市居民生活用电基本价格是每度0.40元，若每月用电量超过a度，超出部分按基本电价的70%收费。

（1）某户五月份用电84度，共交电费30.72元，求a；

（2）若该户六月份的电费平均为每度0.36元，求六月份共用电多少度？应交电费多少元？

2. 为了鼓励节约用水，市政府对自来水的收费标准作如下规定：每月每户不超过10吨部分，按0.45元/吨收费；超过10吨而不超过20吨部分，按0.80元/吨收费；超过20吨部分，按1.5元/吨收费。现已知李老师家六月份缴水费14元，问李老师家六月份用水多少吨？

3. 一支自行车队进行训练，训练时所有队员都以35千米/时的速度前进，突然，有一名队员以45千米/时的速度独自行进，行进10千米后掉转车头，仍以45千米/时的速度往回骑，直到与其他队员会合。你知道这名队员从离队到与队员重新会合，经过了多长时间吗？

4. 有8名同学分别乘两辆轿车赶往火车站，其中一辆轿车在距离火车站15千米/时出现故障，此时离火车停止检票时间还有42分钟，这时唯一可以利用的交通工具只有一辆轿车，连司机在内限乘5人，这辆小轿车的平均速度为60千米/时。问这8名同学都能赶上火车吗？

【拓展探索】

一家庭（父亲、母亲和孩子们）去某地旅游。甲旅行社说："如果父亲买全票一张，其余人可享受半价优惠。"乙旅行社说："家庭旅行算集体票，按原价的 $\frac{2}{3}$ 优惠。"这两家旅行社的原价相同。你知道哪家旅行社更优惠吗?

《全等三角形复习课》教学设计

【教材分析】

全等三角形复习课内容选自义务教育课程标准实验教材《数学》（华师大版）八年级上册，全等三角形是初中数学中重要的学习内容之一。本套教材把全等三角形看作是三角形相似的特殊情况，同时全等三角形的概念，三角形全等的识别方法，与命题、证明、尺规作图几部分内容相互联系紧密，尤其是尺规作图中作法的合理性和正确性的解释依赖于全等知识。本章中三角形全等的识别方法的给出都通过学生画图、讨论、交流、比较得出，注重学生实际操作能力，为培养学生参与意识和创新意识提供了机会。

【设计理念】

针对教材内容和初三学生的实际情况，组织学生通过摆拼全等三角形和探求全等三角形的活动，让学生感悟到图形全等与平移、旋转、对称之间的关系，并通过学生动手操作，让学生掌握全等三角形的一些基本形式，在探求全等三角形的过程中，做到有的放矢。然后利用角平分线为对称轴来画全等三角形的方法来解决实际问题，从而达到会辨、会找、会用全等三角形知识的目的。

【教学目标】

（1）通过全等三角形的概念和识别方法的复习，让学生体会辨别、探寻、运用全等三角形的一般方法，体会主动实验、探究新知的方法。

（2）培养学生的观察能力和理解能力，几何语言的叙述能力及运用全等知识解决实际问题的能力。

（3）在学生操作过程中，激发学生的学习兴趣，培养学生主动探索、敢于实践的精神，培养学生之间合作交流的习惯。

【教学重难点】

（1）教学重点：运用全等三角形的识别方法来探寻三角形以及运用全等三角形的知识解决实际问题。

（2）教学难点：运用全等三角形知识来解决实际问题。

【教学过程设计】

（一）创设问题情境

某同学把一块三角形的玻璃打碎成三片，现在他要到玻璃店去配一块形状完全相同的玻璃，那么你认为他应保留哪一块？（教师用多媒体）

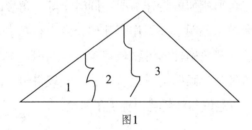

图1

师：请同学们先独立思考，然后小组交流意见。

生：……

师：上述问题实质是判断三角形全等需要什么条件的问题。今天我们这节课来复习全等三角形。（引出课题）

师：识别三角形全等的方法有哪些？

生：SAS、SSS、ASA、AAS、HL。

复习回顾：

练习1. 如图2所示将两根钢条AA'、BB'中点O连在一起，使AA'、BB'绕着点O自由转动，做成一个测量工具，则$A'B'$的长等于内槽宽AB，判定$\triangle OAB \cong \triangle OA'B'$的理由。

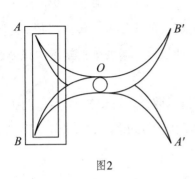

图2

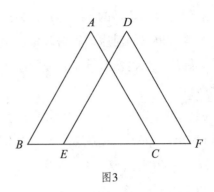

图3

练习2.已知$AB//DE$，且$AB=DE$，

（1）请你只添加一个条件，使△ABC≌△DEF。

（2）添加条件后，证明△ABC≌△DEF。

（根据不同的添加条件，要求学生能够叙述三角形全等的条件和全等的理由，鼓励学生大胆地表述意见）

（二）探求新知

师：请同学们将两张纸叠起来，剪下两个全等三角形，然后将叠合的两个三角形纸片放在桌面上，从平移、旋转、对称几个方面进行摆放，看看两个三角形有一些怎样的特殊位置关系？

请同组学生合作、交流，并把有代表性的摆放进行投影。

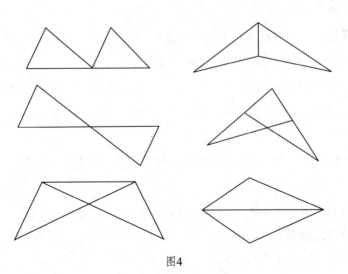

图4

　　熟记全等三角形的基本形式，为探求全等三角形打下基础，提醒学生注意两个全等三角形的对应边和对应角。学生的摆放形式很多，包括那些平时数学成绩不好的学生也跃跃欲试，教师给予肯定和鼓励，激发他们学习的积极性和主动性。

　　例1. 如图5所示，一张矩形纸片沿着对角线剪开，得到如图6所示两张三角形纸片ABC、DEF，再将这两张三角形纸片摆成图7的形式，使点B、F、C、D处在同一条直线上，P、M、N为其他直线的交点。

　　（1）求证：$AB\perp ED$。

　　（2）若$PB=BC$，请找出图7中的全等三角形，并给予证明。

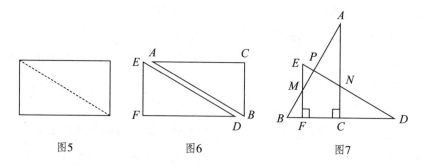

图5　　　　　　　　　图6　　　　　　　　　图7

用多媒体演示图形的变化过程。

　　师：图7中AB与ED有怎样的位置关系？同学们猜想一下结果。

　　生1：$AB\perp ED$。

　　师：为什么？可以从几个方面来考虑？

　　生2：可以从图形运动变化的过程来考虑。

　　生3：可以考虑全等。在已知条件下，显然有△$ABC\cong$△DEF，故∠$A=\angle D$，又∠$ANP=\angle DNC$，所以，∠$APN=\angle DCN=90°$，即$AB\perp ED$。（根据学生的回答，教师板演）

　　师：若$PB=BC$，找出图7中的全等三角形，看看谁能找得最快。

　　生4：△$PBD\cong$△CBA（ASA）。

　　师：板演，由$AB\perp ED$，可得到∠$BPD=90°$，∠$PBD=\angle CBA$，∠$A=\angle D$，$PB=BC$，故有△$PBD\cong$△CBA（ASA）。

　　师：还有其他三角形全等吗？

　　生：有，我连接BN，由勾股定理得$PN=CN$，就不难得到△$APN\cong$△DCN。

（在错综复杂的图形中寻找全等三角形是一件不容易的事，要鼓励学生大胆猜想，努力探求，在学生的叙述过程中，教师及时纠正学生叙述中的错误，训练学生严谨的学习态度和学习习惯。）

例2.（动手画）（1）已知OP为∠MON的平分线，请你利用该图画一对以OP所在直线为对称轴的全等三角形。

教师在黑板上画好∠MON和直线OP，学生独立思考，然后请几个学生在黑板上演示。

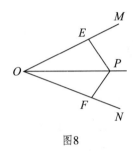

图8

师生总结：想要画出符合条件的三角形，只要在射线OM、ON上找到一对关于OP对称的点就可以了。

（2）利用（1）作全等三角形的方法，在△ABC中，∠B=60°，∠ACB是直角，AD、CE是∠BAC、∠DCA的平分线，AD与CE相交于点F，请判断FE与FD之间的数量关系。

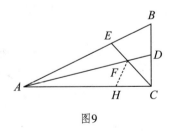

图9

师：请同学们用三角尺和量角器准确画出此图，然后量出EF、FD的长度，看看EF与FD长度关系如何？

生：基本相等。

生：长度相等。

师：如何来证明它们相等？注意审题。

学生先独立思考后，组内交流，等到有同学举手发言。

生：在AC上取点H，使$AH=AE$，则$\triangle AEF \cong \triangle AHF$，则$EF=FH$。

师：为什么要这么做？你是怎么想到的？

生：因为要证明线段相等则需要考虑三角形全等，而EF、FD所在两个三角形显然不全等，又AD是$\angle BAC$平分线，在AC上找出E关于AD的对称点H，得到$\triangle AEF \cong \triangle AHF$。

师：这样只能得到$EF=FH$。

生：再证明$\triangle FHC \cong \triangle FDC$。

生：AD、CE是角平分线，$\angle AFC=120°$，则$\angle DFC=\angle EFA=\angle AFH=60°$，所以$\angle HFC=\angle DFC=60°$，$FC=FC$，$\angle DCF=\angle HCF$，所以$\triangle HCF \cong \triangle DCF$（ASA），所以$FD=FH$。

（看清题意，猜想结果是解决探究题的重要环节，教师要留给学生一定思考时间，同时鼓励学生尝试和交流，勇于探索以及同学之间的合作。）

师生共同小结：

（1）熟记全等三角形的基本形态，会找全等三角形的对应边和对应角。

（2）在错综复杂的几何图形中能够寻找全等三角形。

（3）利用角平分线的对称性构造三角形全等，并利用三角形的全等性质解决线段之间的等量关系。

（4）运用全等三角形的识别法可以解决很多实际生活问题。

【作业】

（1）在例2中，如果$\angle ACB$不是直角，而（2）中的其他条件不变，请问：你在（2）中所得结论能成立吗？若成立，请证明；若不成立，请说明理由。

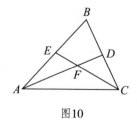

图10

（2）书本课后复习题。

【教学反思】

本教学设计从以下三方面考虑：

（1）根据学生的学习情况，改进学生的学习方式，强调合作交流、探索学习，教师在教学过程中，努力为学生创设自主探索的氛围，让学生真正成为课堂主体。

（2）重视对学生能力的培养，鼓励学生大胆思考、积极发言，重视培养学生观察、操作、测试、思考的能力，活跃学生的思维。学生思考问题的方式是多种多样的，教师应尊重他们的学习方式，这样有助于学生创新思维的培养。

（3）重视对学生学习习惯的培养，全等三角形是几何部分重要内容，有较强的逻辑性。在教学过程中，教师以学生为主体，教师充当指导者的角色。由学生叙述，教师板演，并在学生叙述过程中及时纠正学生的错误，有助于培养学生养成良好的学习习惯。同时学生学习习惯是多方面的，在合作交流中，培养学生合作意识和合作习惯显得尤为重要。

《圆和圆的位置关系》教学设计

【指导思想与理论依据】

将自己在本节课教学中的亮点设计所依据的指导思想或者核心教育教学理论简述即可，指导思想和依据的教育理论应该在后面的教学过程中明确体现出来。本部分内容必须和实际的教学内容紧密联系，避免出现照搬课标中整个模块的教学指导思想等情况。

本节课的亮点是在讲到"用数量关系识别两圆位置关系"时，将问题留给学生，让各小组合作探究，共同得出结论，然后各小组派代表讲解。这样，既激发了学生的学习兴趣，又充分发挥了学生的主体性，真正把课堂交给了学生，让学生成为学习的主人。这样做，旨在培养学生的合作精神、创新精神、归纳思想。

【教材分析】

课标中对本节课的要求是了解圆与圆的位置关系的意义，熟悉性质判定；本课内容是《与圆有关的位置关系》的最后一课时，从知识结构来看，它的学习建立在点与圆的位置关系和直线与圆的位置关系的基础上，同时也是这两节课知识的延续；从解决问题的思想方法来看，它反映了事物内部的量变与质变。通过这些对学生进行辩证唯物主义世界观的教育。所以这一课时无论从知识性还是思想性来讲，在教学中都占有重要的地位。

【学生情况分析】

九年级学生对圆有一定的认识，但对圆的相关性质掌握较少，对知识的转化能力较差，基于知识较抽象，学生不易理解，笔者将采用引导探究→动手操作→师生合作为主的教学方法，重在学生参与，主动探究，提高解决实际问题的能力。让学生动起来，主动去发现并解决问题，让学生在整个学习过程中围绕主动实践→猜想结论→合作探究→运用解题的方法学习。

根据教学内容和学生实际，遵循课程标准，在认真钻研教材的基础上，本节课笔者将探索圆与圆之间的几种位置关系，以两圆外切、内切与两圆圆心距 d、半径 R 和 r 的数量关系的联系为重点。将探索两个圆之间的位置关系，以及外切、内切时两圆圆心距 d、半径 R 和 r 的数量关系的过程作为难点。

【教学目标】

（1）知识与技能：弄清圆与圆的五种位置关系及如何用两圆的半径 R、r 与圆心距的数量关系来判别两圆的位置关系。

（2）过程与方法：通过生活中的实际事例，探求圆与圆的五种位置关系，并提炼出相关的数学知识，从而渗透运动变化观点、数形结合、分类讨论原则等数学思想。

（3）情感态度价值观：经历操作、实验、发现、确认等教学活动，从探索圆与圆的位置关系的过程中，体会运动变化的观点以及量变到质变的辩证唯物主义观点，感受数学中的美感。

【教学重难点】

（1）教学重点：圆与圆的五种位置关系及应用。

（2）教学难点：圆与圆的五种位置及数量间的关系。

【教学环节】

（一）创设情境，导入新课

我们生活的世界是丰富多彩的，圆与圆组成的图形随处可见。例如，自行车的两个车轮、奥运五环、"日食"等。以上情景，都涉及了圆与圆之间的位置关系。在"日环食"的形成过程中，我们可以看到两个圆有不同的位置关系。请思考：圆与圆之间有多少种位置关系；如何用数量关系判别两圆的位置关系。

（二）动手操作，合作探究

1. 学生用两个圆形纸片演示，演示两圆的位置关系

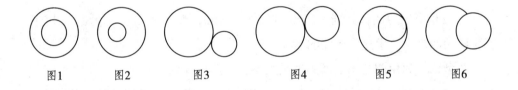

图1　　　图2　　　图3　　　　　图4　　　　　图5　　　　图6

问题：对于这些关系如何分类呢？分类的标准是什么呢？（以小组为单位讨论、交流）

2. 以小组为单位，探究数量与位置的关系

（1）回顾如何用数量判别点与圆的位置关系、直线与圆的位置关系。（通过d与r的关系确定）

（2）请思考：我们研究圆与圆之间的位置关系时，应找到哪些量进行比较呢？

引导学生想到：①两圆心之间的距离d；②两圆半径R、r。

（3）小组合作，探究结论。

（4）各小组派代表展示结果。

3. 小结

外离$\Longleftrightarrow d>R+r$ 　　外内切$\Longleftrightarrow d=R+r$ 　　相交$\Longleftrightarrow R-r<d<R+r$

内切$\Longleftrightarrow d=R-r$ 　　内含$\Longleftrightarrow d<R-r$

（三）应用迁移，巩固提高（幻灯片展示）

类型一　判断两圆的位置关系

1. 已知两圆半径分别为4和6，圆心距是2，则这两个圆的位置关系是（　　）。

A. 内切　　　　B. 相交　　　　C. 外切　　　　D. 外离

2. 圆O和圆O'的半径分别为R和R'，圆心距$OO'=5$，$R=3$，当$0<R'<2$时，圆O和圆O'的位置关系为（　　）。

A. 内切　　　　B. 相交　　　　C. 外切　　　　D. 外离

类型二　已知两圆位置关系求半径或圆心距

3. 两圆半径之比为2∶3，内切时圆心距为8厘米，那么这两圆相交时圆心距的范围是多少？

类型三　与两圆相切有关的证明或计算

4. 三角形三边的长分别为5cm、12cm、13cm，以三角形三个顶点为圆心的三个圆两两外切，求这三个圆的半径。

类型四　利用圆与圆之间的位置关系进行测量计算

5. 某人用如图7所示的方法测一钢管的内径：将一小段钢管竖直放在平台上，向内放入两个半径为5cm的钢球，测得上面一个钢球顶部高$DC=16$cm，则钢管的内直径AD长为多少厘米？

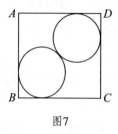

图7

（四）总结反思

（1）本节课学习的数学知识是圆与圆之间的位置关系和相切两圆的性质。

（2）本节课学习的数学方法是数形结合和推理论证。

【教学反思】

判断两圆位置关系时，要牢牢抓住两个特殊点，即外切和内切两点，当圆心距等于两圆半径和时，两圆外切；当圆心距等于两圆半径差时，两圆内切。若圆心距处于半径和与半径差之间时，两圆相交；若圆心距大于和时，两圆外离；若圆心距小于差时，两圆内含。

在备课时笔者的想法是充分调动每个学生的积极性，激活他们的每一根神经，使全体同学全身心地投入到学习中，在紧张的学习中，体验学习数学的乐趣。让学生独立思考与小组合作完美结合，既张扬个性，又崇尚合作，使学习小组的潜力和作用得到最大限度的发挥。

在教学过程中，本节课的目标基本达到，收到了预期的效果，但也有不尽如人意之处。由于笔者备课时预见性不充分，在让学生们将位置关系分类时，同学们展示的方法来得突然，令笔者措手不及。看来备课时不仅要备好教材，设计好环节，还要做好充分的预设，以备突发情况的出现，使自己在课堂中游刃有余。

"以小组为单位，探究数量与位置的关系"这一环节，不再是以前那样自己演示、讲解，学生被动接受，而是把主动权交给学生，让他们自己动手、动脑去探究问题，学生学习热情高涨，加深了对知识的理解，提高了学习效率。所以，教师一定要沿着这条思路去探索、挖掘，创设高效、民主、幸福的课堂。

第三节　英语学科创新教育教学设计

Starter Unit 2　What's this in English?

【教学背景分析】

"What's this in English?"位于本册教材预备篇第二单元，预备篇是为了使没有英语学习基础的学生更好地使用本套教材而编写的，它起到了承上启下的作用。本单元的重点句型What's this in English? It's a/an...在第一课时。前三课时的教学重点是掌握字母Ii—Rr和日常用品map，orange，jacket，key，quilt，pen，ruler，cup的英语表达。

【教学内容分析】

主要内容：本单元是预备篇的第二单元。本单元的话题是用英语描述并确认事物，问某物用英语怎么说。本单元的语言材料与学生的日常生活密切相关，主要是问日常用品用英语怎么说，用到句型"What's this in English?"。在本节课的实际教学中，教师反复研读教材，调整了教材内容顺序，即一开始上课就对上节课学习的内容进行复习，先处理了上单元所学的字母Aa—Hh和日常用语，为本单元学习字母Ii—Rr做好铺垫。同时，教师对教材内容进行了增减，为学生更好地掌握本节课的重点内容提供了时间上的保证，更突出了重点。

（1）单词：map，orange，jacket，key，quilt，pen，ruler，cup，what，is，this，in，a，an，spell，please

（2）字母：Ii，Jj，Kk，Ll，Mm，Nn，Oo，Pp，Qq，Rr

（3）常用标示：P，NBA，kg

（4）句型：What's this in English?

　　　　　It's a / an...

　　　　　Spell it，please.

【教学目标】

按照新课标的要求，结合学生实际，本节课特制定如下教学目标：

1. 知识目标

使学生掌握并熟练运用日常用品方面的单词，学会问某物用英语怎么说的句型（What's this in English? ）及用来回答某物用英语怎么说的句型（It's a / an...）。掌握让对方拼写某个单词的句型（Spell it，please.）。

2. 技能目标

培养学生听、说、读、写以及综合运用英语的能力。

3. 德育目标

本单元学习内容贴近学生日常生活，通过教学，让学生学会关心日常生活中的事物，热爱生活；通过分组合作教学，培养学生合作意识、动手能力和创新能力。

【设计思路】

在热身复习环节，让学生跟老师做动作，激发学生的学习兴趣，调动学生的积极性。在教授新内容时，力求用精美的图画和真实的声音来创造意境，来处理本节课的新语言现象，用形象生动的视频来展示逼真的场景。采用小组合作的探究方式，用科学合理的教学设计来形成清晰的教学思路，从而达到最佳的教学效果，更重要的是培养学生的合作能力和综合运用英语知识的能力。

【教学手段】

主要运用现代化教学手段及学生乐于接受的手段——多媒体、录音机、游戏、竞赛等。

第1课时　教学设计 1a—2e

【教学目标】

1. 语言知识目标

（1）词汇：what，is，this，in English，that，map，cup，ruler，pen，orange，jacket，key，quilt，it，cup

（2）字母：Ii，Jj，Kk，Ll，Mm，Nn，Oo，Pp，Qq，Rr

（3）句型：—What's this in English?　—It's a jacket. /It's an orange.

2. 情感态度价值观目标

预备篇的主要内容为26个字母和最基本的英语日常用语。教材的编写主要是帮助那些没有英语基础的学生更好地使用本套教材，同时又帮助有一点儿基础的学生尽快熟悉教材中的人物，激发他们的自信心，增强说英语的兴趣。

【教学重难点】

1. 教学重点

（1）学习key等词汇。

（2）学习确认物体。

2. 教学难点

记住表示物品的英语单词；明确a，an的用法；将英语字母打乱顺序进行认读和书写。了解一些英语缩略词的意思。

【教学过程】

Ⅰ. Review/Lead-in

（1）Play the "Good morning! How are you?" song before the class begins.

（2）Students write down the letters from Aa to Hh by themselves. Ask two students to write on the blackboard.

Ⅱ. New words

what, is, this, in, English, that, map, cup, ruler, pen, orange, jacket, key, quilt, it

Ⅲ. Game

Teacher shows a picture quickly and asks, "What's this?" Get the students to answer the questions like this, "It's a key." Then show the whole of the picture to let the students check whether they're right or wrong.

Ⅳ. Listening

Work on 1a

T: Look at the letters in 1a. They are capital letters... can you read them out?

S1: Yes, ...

T: Good. Now please look at the picture and look for the small letters in the picture for these capital letters. Check the ones you find.

(While the students are doing, the teacher moves around to help the ones who need help.)

Answers:

A√ C√ E√ G√

Work on 1b

(1) Play the tape for the first time. Students only listen.

(2) Play the tape for the second time. Students listen and repeat.

(3) Ask some students to repeat the conversation.

(4) Explain how to use articles "a" and "an" by playing PPT.

Ⅴ. Role-play

Work on 1c

(1) Ask the students to practice the conversations in pairs.

(2) Put the students in pairs. Ask them to make their own conversations using the things in the picture.

(3) Leave them several minutes to do this activity.

(4) Invite some pairs to act out their conversations.

Ⅵ. **Listening**

1. Work on 2a

（1）Show the 10 letters Ii—Rr on the screen, and teach the students to read them one by one.

（2）Ask students to listen to the tape and read after it.

（3）Teacher shows some letter cards and invite some students to read these letters, correcting their pronunciation mistakes if they have.

2. Work on 2b

（1）Play the tape for the first time. Students listen.

（2）Play the tape for the second time. Students listen and number the letters.

（3）Play the tape for the third time. Students listen and check their answers.

Ⅶ. **Practice**

Work on 2c—2d

（1）Present the letters Ii—Rr on the PPT.

（2）Remind students the writing forms of the capital letters and small letters.

（3）Ask students to write the letters Ii—Rr after each model. At the same time, ask two students to write on the blackboard.

（4）While students are writing, move around the room, checking progress and offering help if needed.

（5）Check the answers. Correct mistakes if any.

Ⅶ. **Pair work**

Work on 2e

（1）Show the letters and the meanings the students know.

（2）Show the pictures in 2e on the screen.

T：What can you see in the picture? （the first picture）

S1：A big letter P.

T：What does the letter P mean?

S2：It means we can park here.

T：Right.

...

（3）Add some more abbreviations，such as PRC（中华人民共和国），cm（厘米），km（千米），PK（单独挑战）and so on.

IX. Summary and Homework

Summary：In this period，we've learned how to identify things and the letters Ii—Rr. And we've also learned some new words and useful expressions.

Homework

（1）Listen，read and recite letters Aa—Rr.

（2）Copy letters Ii—Rr three times.

（3）Read and copy the words on S5.

【板书设计】

Starter Unit 2 What's this in English? 1a—2e	
Sentences	Letters
What's this in English? It's a map/ruler/pen/cup/key/quilt/jacket. It's an orange.	Ii, Jj, Kk, Ll, Mm, Nn, Oo, Pp, Qq, Rr

第2课时 教学设计3a—4d

【教学目标】

1. 语言知识目标

（1）Master the pronunciations of the letters Ii—Rr.

（2）学习本课的知识点。

① 词汇：spell，please

② 字母：元音字母A，E，I，O，U在单词中的发音。

③ 句型：—What's this in English?

　　　　—It's a map.

　　　　—Spell it，please.

—M-A-P.

（3）掌握a和an的用法：辅音音素前用a，元音音素前用an。

2. 情感态度价值观目标

教师要帮助学生建立一个切合自己实际的目标，通过渐进的学习以及一点一滴的进步，使他们逐步获得成就感。

【教学重难点】

1. 教学重点

（1）词汇：spell，please

（2）字母：元音字母A，E，I，O，U在单词中的发音。

（3）句型：—What's this in English?

　　　　　—It's a map.

　　　　　—Spell it，please.

　　　　　—M-A-P.

2. 教学难点

冠词a，an以及代词this，that，it的用法。

【教学过程】

Ⅰ. Review/Lead–in

（1）Greet the students in English.

（2）Speak out the words learned in last period.

（3）Revise the English letters.

Ⅱ. New words

spell，please

Ⅲ. Game

Play a guessing game.

Describe some objects and let students guess what they are.

T：What's this in English?

S1：It's an orange.

T：What's that in English?

S2：It's a map.

...

Ⅳ. Listening

1. Work on 3a

T：Please open your books and turn to page S7. Look at the pictures in 3a. What can you see?

S：I can see a ruler，a map...

T：Now，I'll play the recording twice for you to listen. The first time，you just listen and number the pictures. The second time，you can check your answers.

2. Work on 3b

（1）Play the recording for the students to listen and ask them to complete the words under the pictures in 3a.

T：Now please look at the pictures in 3a again. There are some uncompleted words under them. You can listen to the recording and complete the words.

（2）Play the recording again and check the answers.

3. Work on 3c

（1）Play the tape of the conversation for students to listen，and ask them to pay attention to the pronunciation and intonation.

（2）Practice the conversation in pairs for several minutes.

（3）Invite some pairs to act out in front of the whole class.

4. Work on 3d

（1）Let students look at the words in this part.

（2）Ask students to listen to some conversations and number the word they hear.

（3）Play the tape twice for the students to listen and number.

（4）Check the answers.

Ⅴ. Pair work

Work on 3e

Students work in groups，draw pictures of their rooms and talk about the pictures using "What's this in English? It's a/an..."

Teacher is ready to offer his / her help to those students who are in need of it.

Ⅵ. Practice

1. Work on 4a

（1）Ask students to open their books and turn to page S8. Fill in the blanks with the missing letters，and pay attention to the capital letters and small letters.

（2）Ask one or two students to read the letters aloud.

（3）Check the answers. Correct mistakes if any.

2. Work on 4b

（1）Let students have a quick look at the given words in 4b，and ask them to number them in alphabetical order.

（2）Check the answers.

（3）Get students to read the words.

Ⅶ. Listening

Work on 4c

（1）Play the recording for the first time. Students only listen.

（2）Play the recording for the second time. Students listen and repeat.

（3）Invite some students to read the letters and words.

Ⅷ. Practice

Work on 4d

（1）Ask students to read through the instruction of 4d so that they can know how to do this activity.

（2）Students read the words in the first column.

（3）Help students to read the words in Column 2.

（4）Invite some students to read them for the whole class and explain the meaning of the new words.

（5）Get students to turn to Page S5. Look at the words in Starter Unit 2. Listen and read. Pay attention to the vowel sounds：/aɪ/，/ɪ/，/əʊ/，/ɒ/，/ɑː/，/ɔː/.

Ⅸ. Summary and Homework

Summary：In this period，we've learned how to spell words. And we've also consolidated the letters Aa—Rr and some key words.

Homework

（1）Practice the conversation and recite it.

（2）Write the key words and the sentences in your exercise books.

（3）Write the letters you've learned three times.

（4）Preview the next unit.

【板书设计】

Starter Unit 2 What's this in English? 3a—4d			
Sentences	Four vowels		
A：What's this in English?	Aa	/eɪ/	/æ/
B：It's a map.	Ee	/iː/	/e/
A：Spell it，please.	Ii	/aɪ/	/ɪ/
B：M-A-P.	Oo	/əʊ/	/ɒ/

第四节　物理学科创新教育教学设计

《时间和长度的测量》教学设计

指导思想与理论依据
物理课程标准提出了新的理念：

1. "从生活走向物理，从物理走向社会。"即力求贴近学生生活，激发学生的学习兴趣，通过探索物理现象，揭示隐藏在其中的物理规律。

2. "注重科学探究，提倡教学方式多样化。"即以物理知识和技能为载体，让学生经历科学探究过程，学习科学探究的方法，培养学生的探究精神、实践能力，包括技术设计能力以及创新意识。改革以课本为主、实验为辅的传统教学模式，提倡多样化的教学方式，鼓励将现代信息技术、多媒体技术应用于物理教学中。

为了体现这些新的理念，本课程"时间和长度的测量"将按照以下思想设计进行：在学生生活经验和原有知识经验的基础上，从常见的有相互作用的实例引入课题，就地取材，先让学生分析生活中的一些常见的现象，让学生从各种熟悉的长度估测当中找到相似点，从而推出长度测量是以被测物体与标准物体相比较的方式，在此基础上自然引入各种精确测量的工具，最后，鼓励学生使用测量工具测量身边的物体长度，并且在测量中深化理解测量工具的正确用法与读法。在此过程中学生可以体会到如何利用学习到的知识解决生活中的实际问题，以实现新课标"从生活走向物理，从物理走向社会"的要求，同时也体现了以学生为主体的教学思想。关于时间的测量，也秉承了同样的设计理念

教学背景分析
一、教材的地位和作用

物理学是一门实验科学，而测量是实验的基础，可以说没有测量，就没有物理学。长度的测量涉及生活的各个方面，学生在生活中无时无处不感受到测量的存在。同时，物理学实验的大多数测量都要转化为长度测量，因此可以说，长度测量是其他许多物理测量的基础。学习长度测量，是学生接触到物理之后，最先学习到的物理技能，关于长度的理解，影响到学生对于物理学科的认知。因此，在课程中灌输正确的物理思想，显得尤为重要。在关于物理学科的态度教学中，长度测量这一章，显然有着举足轻重的作用

教学背景分析
教材改革之后，减弱了对于误差的学习要求，去掉了对于刻度尺最小分度值的考查，在减轻学生学习负担的同时，增加了学生实际测量的操作技能的要求。在实际操作中学习物理，更加符合初中学生的学习心理特点。 二、学习者情况分析 1. 长度以及时间的测量是学生每时每刻都会注意到的物理现象，学生对于生活中无处不在的事物，往往由于司空见惯而失去好奇心与关注度。因此，在课堂的一开始，本课程并不直接讲授测量的有关知识，而是从费米根据小纸片飞行距离就能够精确判断原子弹爆炸威力的小故事讲起。小纸片与原子弹这两个相差巨大的事物联系在一起，设置差别巨大的"物理问题情境"，引发学生"思维冲突"，从而引发学生对于常见的长度测量的好奇心。并在此基础上，引入常见的长度估算方法、精确的刻度尺测量、测量结果中的单位换算等。 2. 让学生带着好奇心进行物理学习，达到比较理想的学习效果。 学生在日常生活中经常见到长度和时间，每天都在各种时间的标准下度过，见到标注长度的各种尺寸，在潜意识中埋下了长度和时间测量的种子。但是由于没有进行系统的测量学习，在进行测量的过程中容易出错。 3. 学生具备了一定的分析问题、实际操作能力，为本课的学习做好了能力方面的准备。 学生具有一定的研究性学习和协作学习的能力和意识，具有一定的科学探究的思想，为本课的学习做好了思想意识上的准备
教学目标（含重难点）
一、教学目标 1. 知识与技能 （1）会选用适当的工具测量时间和长度，知道测量的结果由数值和单位组成； （2）知道测量有误差，误差和错误有区别，知道多次测量求平均值可以减小误差； （3）能通过日常经验或物品粗略估测长度； （4）能根据日常经验或自然现象粗略估测时间。 2. 过程与方法 （1）体会和感悟我们在进行测量时，必须有统一的测量标准、恰当的测量工具和正确的测量方法； （2）探究长度和时间的测量标准在历史发展中的演变，获得对国际单位的初步认识。 3. 情感、态度、价值观 （1）鼓励学生积极参与探究活动； （2）密切联系实际，渗透物理教学应从生活走向物理，从物理走向社会的理念。 二、教学重点 1. 时间和长度的测量； 2. 估算时间和长度。 三、教学难点 1. 误差和错误的区别。 2. 时间和长度单位的选择

续 表

教学目标（含重难点）
四、教学器材 教师：米尺、卷尺、秒表、多媒体课件。 学生：卷尺、刻度尺、秒表
教学流程示意
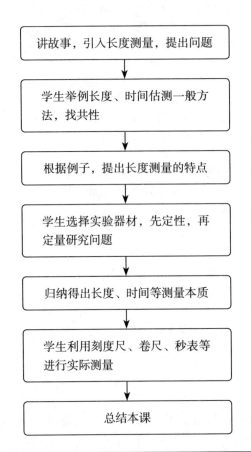

教学流程示意图：

讲故事，引入长度测量，提出问题
↓
学生举例长度、时间估测一般方法，找共性
↓
根据例子，提出长度测量的特点
↓
学生选择实验器材，先定性，再定量研究问题
↓
归纳得出长度、时间等测量本质
↓
学生利用刻度尺、卷尺、秒表等进行实际测量
↓
总结本课

教学过程			
环节	教师活动	学生活动	设计意图
引入	利用故事引入： 讲述费米根据纸片飞行距离推算原子弹爆炸威力的小故事。 提问学生： 故事的核心是什么？	纸片飞行距离用脚步测量	从故事中发现问题，思考问题

教学过程			
环节	教师活动	学生活动	设计意图
引入	费米凭什么推测出爆炸威力？他是怎么测量距离的？ 费米用脚步的多少量出了距离，我们可以说他是以自己的步长为单位长度，把飞行距离进行了对比，最终得到飞行长度。这种制定单位长度，然后与被测物体进行对比的方法，我们在生活中经常用到。（同时在黑板上画图） 我们这节课主要从对比这样一个角度来研究长度和时间的测量		激发学生学习的欲望和好奇心。 培养学生发现问题的能力，体现从生活走向物理的教学观念
类似举例	生活中我们还见过哪些类似的方法？ 长度单位用步长、丈、拳、臂、尺、寸等，时间单位用时辰、刻、字、秒、忽等。 我们怎么用上面这些单位进行时间和长度的测量呢	回忆生活，举例生活中用到的长度、时间估测方法	观察生活，亲身体会，增加经验
估测距离和时间	提供分组活动： 选用一个估测单位，估算测量桌面长宽高、课本长宽高等，学生也可以自己寻找测量目标。 寻找物体长度与测量标准长度之间的关系。 提问： 既然能够用手掌长度、手指宽度等作为长度单位，我们生活中为何还要使用米、厘米之类的单位？ 请大家跟着老师做一个实验： 我们尝试数一数一分钟内心跳的次数。 发现什么问题？ 这同样也是秦始皇当年统一度量衡的原因所在。秦始皇统一六国之后，把所有国家的长度单位都废止了，统一使用当时秦国的单位，使得不同地区的人可以相互沟通交流，对于中国文化的融合起到了非常重要的作用	因为人工选择的单位长度不一，无法进行交流。 手搭脉搏，数心跳次数，老师喊停，汇报心跳次数。 每个人的心跳时间长度是不一样的	从简单问题入手，从现象入手，寻找共性。 通过自己动手进行实验，培养学生的实验操作能力、观察能力以及总结归纳实验信息的能力

教学过程			
环节	教师活动	学生活动	设计意图
单位和国际单位制	怎样能够精确地测量出时间、长度？ 我们现在在经常使用的单位是米、厘米、千米等，但是我们还需要知道这些事情，稍微早一些的时候，我们更多地使用丈、步、尺、寸等单位，现在的英美国家还在使用英尺、英寸、英里等单位，从本质上说，这些单位的使用是一个障碍。为了避免两个不同国家的人在一起讨论问题的时候互相不知道对方在说什么，国际物理学会制定了一套完整的时间、长度测量单位，这里包括米、秒等，这些单位在国际上通用流行，并且各个国家的使用习惯在慢慢地向这些单位转换，这就是国际单位制。 这是另外一层意义上的统一度量衡。 简单单位转化： km，m，dm，cm，mm，μm，nm，h，min，s	学生回答：落脚点在制定统一的长度单位进行单位换算	让学生明确长度测量的本质，就是用单位长度与被测物体进行比对，确定其中的倍数关系
定量研究时间和长度的测量	认识刻度尺、米尺、卷尺、秒表，学习使用方法。在估测之后，测量以下物体： 课桌长宽高 课本长宽高 教室长宽高 测量步长、臂长，并以步长、臂长为单位测量教室长度	测量并记录数据	运用刻度尺进行长度测量，在实际操作过程中掌握长度测量本质。以步长、臂长为单位测量，深化理解测量的对比本质
应用规律解决问题	指出下列长度测量中有问题的地方： 物理书的宽度是2.8cm 中学生的高度是15.6dm 脚步长度是32dm 教室楼层高度为8m	判断回答	通过估测练习，培养学生对于长度的感性认识，深化学生对于长度测量的理解
总结	1. 长度与时间测量的本质 2. 长度与时间测量的方法	同学先总结回顾	总结提高，形成网络

续 表

	教学过程		
环节	教师活动	学生活动	设计意图
作业与拓展	测量自己十步的长度，求平均值。 然后用步长测量操场一段距离，与卷尺测量的结果进行对比。 同时测定步行的时间，求出平均速度		联系实际，在实验的同时完成对于新老知识的联系，形成知识网络

板书设计

§1.3 长度和时间的测量

1. 长度及其测量

（1）长度单位及其换算

（2）刻度尺的使用

（3）测量结果的组成

2. 时间及其测量

（1）时间单位及其换算

（2）秒表的使用

3. 国际单位制

学习效果评价设计	
内容	问题难度
能否举出长度单位的例子	容易
能否进行长度估测	容易
能否理解长度估测的不准确性	容易
通过心跳试验理解统一单位的必要性	一般
能否进行单位之间的换算	一般
能否使用刻度尺、秒表进行实际的测量操作	一般
能否理解费米故事	一般
能否理解国际单位制的重要性	一般
识别给定测量结果的正确与否	较难
能否使用步长进行长度测量	较难

续 表

本教学设计与以往或其他教学设计相比的特点
就教材内容而言，长度和时间的测量是学生司空见惯的现象，因为常见所以不容易引发学生的兴趣，因此从课堂开始课程就引入费米的故事，引发学生的好奇心和思考动力。本课程对误差没有进行要求，因此在保证课程进度的前提下，没有进行额外的引入。 对于理解上的难点，也就是测量是以标准长度为单位与被测物体进行对比，本课采取了大量的实验让学生从感性认识慢慢升华到理性认识，使得学生在实操、理解的基础上，加深对于测量本质的认识。 从教学手段上看，本节课是传统教学和现代多媒体的有机结合。本节课设计大量简单有趣的实验，重视物理规律的形成过程，帮助学生树立形象直观的认识，使学生加深对知识理解的同时，又提高教学效果

第五节 化学学科创新教育教学设计

《空气是一种宝贵的自然资源》教学设计

课题	空气是一种宝贵的自然资源	授课人	
授课类型	新授课	课时	
教学理念	本课题主要研究空气的成分及空气污染的有关知识。把"空气"作为较系统地学习和研究化学的开始，有利于引导学生进入化学殿堂。本节课主要通过图片、漫画、分析归纳和小组交流讨论等介绍空气污染及其危害等，让学生认识到保护空气的必要性		
学情分析	学生刚刚学完空气第一课时、第二课时，已对空气的组成有了一定的了解，同时知道了空气中氧气、氮气、稀有气体的性质用途。知道空气是一种宝贵的自然资源，根据生活经验和周围环境、电视新闻等对于目前空气被污染的现象、防治的方法等也有一点基础的认识，但还没有形成系统性的知识点		
教学目标	1. 初步了解空气污染的原因，了解常见的空气污染对人类健康及生态环境的危害，学会阅读空气质量日报。 2. 学会日常生活中保护环境的方法。知道空气是一种宝贵的自然资源，养成关注环境、珍惜资源、合理使用化学物质的观念以及热爱自然的情感。 3. 发展善于合作、勤于思考、勇于实践的科学精神。保持对生活和自然界中化学现象的好奇心和强烈的探索欲，进一步发展对化学的兴趣		
教学重点	空气污染的原因、防治措施及培养环保意识。用所学的关于空气保护的知识指导日常的生活		
教学方法	阅读讨论，分析归纳，合作探究式学习		
互联网运用	宁夏教育云平台、PPT、多媒体、教学助手、移动讲台、手机		

183

【教学流程图】

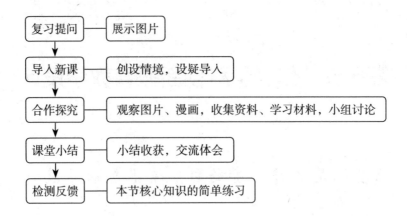

【教学过程】

教师活动	学生活动	目的意图
伴随着轻音乐《安妮的仙境》展示教材版本及课题，学校及教师 【复习提问】 1.氧气用途　2.氮气用途　3.稀有气体用途	聆听，思考	复习旧知，引入新知
展示图片启发氧气的用途 展示图片启发氮气的用途 展示图片启发稀有气体的用途	阅读教材，结合屏幕上的图片，分组讨论，汇报交流，回答出氧气、氮气、稀有气体的用途	学会从图片中挖掘信息，培养自学能力
引入：空气不仅是人类生活必需的物质，还是一种宝贵的自然资源。但是当人们排放到空气中的污染物超过空气自身的净化能力时，就会对空气造成污染，所以我们要保护空气	聆听	开门见山，直切主题
【组织讨论】 在你的身边发生过哪些污染空气的现象？	分组讨论，知道自己该怎么做	提高识图能力，培养热爱自然、关注环境的意识
通过图片 【阶段小结】 1.空气的污染源	填写学案	教育目的明确，注意归纳总结

续　表

教师活动	学生活动	目的意图
根据空气的污染源对污染物进行分类 【阶段小结】 2. 污染物的分类	填写学案	教育目的明确，注意归纳总结
让学生观察漫画，从而了解空气被污染有很多的危害	分析、观察、归纳	感受空气污染的危害，培养学生归纳总结的能力
结合图片和教材讨论空气污染的危害，其中让同学事先收集有关全球气候变暖、臭氧空洞、酸雨知识，再分别播放三个视频感受空气被污染的严重后果	观看、讨论、总结	锻炼识图的能力，通过视频增长知识，锻炼归纳总结的能力
【阶段小结】 3. 空气污染的危害 4. 三大环境问题	填写学案	及时落实知识点
【材料学习】组织学生学习习近平在2019年中国北京世界园艺博览会开幕式上的讲话材料，再次感受空气被污染的现实和严重后果	学习材料	感受空气被污染之后人类将面临的严重灾难，坚持绿水青山就是金山银山，这是重要的发展理念
【思考】假如你当了市长或省长，你会如何去改善当地的空气质量呢？ 【阶段小结】 5. 空气污染的防治措施	结合图片和实际的生活经验，填写学案	培养热爱自然的环境意识
介绍空气质量日报	阅读资料，了解空气质量预报的意义和指标	联系生活实际，让学生感受到化学与生活息息相关。 对易混知识点进行精细加工
【颗粒归仓】今天我学会了…… 今天我知道了…… 今天我收获了……	思考	锻炼学生的归纳总结能力
【课堂练习】 1. 随着工业的发展，排放到空气中的_____和_____对空气造成了污染。有害气体主要有_____、_____、_____	思考、回答	对本节课的知识进行巩固和验收

续 表

教师活动	学生活动	目的意图
2. 下列物质排放到空气中，会造成空气污染的是（　　） ①煤燃烧产生的烟；②汽车排放的尾气；③化工厂产生的废水、废渣、废气；④石油燃烧产生的气体；⑤动植物呼吸排出的气体 A. ①②③④　　　　B. ①③⑤ C. ①③④　　　　　D. ①②③		
【布置作业】对本节课的知识，课后可用漫画、短文、框图，或以"我想说……"为题等，总结知识或告诫世人爱护环境	畅所欲言	树立科学的物质观
最后板书中出现一只手，告诫学生保护空气就像保护自己的双手一样，保护空气人人有责，人人都要爱护自己周围的环境，从自己做起，对待周围的环境请"手下留情"。 学生观看大屏幕，举起右手宣读保护空气的誓言，进而增强学生的环保意识	举起右手宣读保护空气的誓言	最后让学生感受爱护环境人人有责，增强学生的环保意识

【教学反思】

成功之处	本节课体现了新课改的理念，把培养学生的科学探究能力摆在了重要的位置，课堂上让学生阅读资料，通过图片、漫画、动画片等方式，让学生深刻认识到空气污染的危害，深刻感受到保护空气的重要性
不足之处	学生缺少环境保护意识，认为空气质量日报、预报与生活关系不大；缺少对当地空气污染情况的了解和介绍
再教设计	教师多收集一些有关大气污染的资料，尤其是本地污染的有关视频和事件，使学生感受到环境问题就在身边，与自己的生活息息相关，养成环保意识，寓学于乐

【板书设计】

课题一　空气（3）

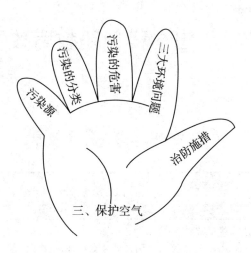

第六节　历史学科创新教育教学设计

《鸦片战争》教学设计

课题	第1课　鸦片战争	授课人	
授课类型	新授课	课时	
设计理念	1. 突出学生的主体性地位。 2. 培养学生提取有效历史信息和论从史出的能力。 3. 引导学生借鉴历史，关注现实，注意培养学生的情感、态度和价值观		
学情分析	本班级学生共有45名，从班级学生的整体知识情况看，孩子们的史料分析能力和合作探究能力较弱，因此，在教学过程中必须重视对学生的史料分析能力、语言表达能力、合作探究能力的培养		
教学目标	知识技能	1. 了解英国向中国走私鸦片，给中国社会带来严重危害，并由此发动了侵略中国的"鸦片战争"。 2. 掌握林则徐维护中华民族利益，进行虎门销烟的壮举，以及中英《南京条约》的主要内容及其对中国的影响	
	过程方法	1. 探索分析：鸦片战争爆发的根本原因和中英《南京条约》给中国社会造成的影响。 2. 运用史料：指导学生阅读插图、资料、自由阅读卡，从中获取与本课相关的史实。 3. 逻辑思维：训练学生从鸦片战争的原因、经过、结果、影响的时空坐标中，掌握系统有序的历史知识网络，形成良好的逻辑思维习惯	
	情感态度	1. 思想意识：通过英国向中国走私鸦片的史实，认识资本主义发家史的肮脏和血腥，揭露资产阶级的虚伪和唯利是图的本质。 2. 爱国情感：学习林则徐虎门销烟、维护中华民族利益和尊严的爱国主义精神，汲取鸦片战争"落后挨打"的历史教训，培养学生的忧患意识和振兴中华的历史责任感	

续表

重点难点	重点：中国从主权独立、领土完整、自给自足的封建国家开始沦为半殖民地半封建社会的过程（林则徐的虎门销烟和《南京条约》的内容及影响）。难点：理解中国从封建社会开始沦为半殖民地半封建社会
教学方法	激趣导学法、合作探究、角色扮演、展示交流
互联网运用	PPT、多媒体、教学助手、移动讲台、手机

教学过程设计		
教学内容及教师活动	学生活动	设计意图及创新点
【教学过程】 （一）导入新课，激发兴趣。 同学们好，欢迎走进历史课堂，我们今天开始学习中国近代史。春天来了，百花盛开，这种漂亮的花儿你认识吗？这就是罂粟花，世界上最好看的花儿之一，但它有一个可怕的名字——"死亡之神"，用罂粟果的汁液制成的软膏就是鸦片。鸦片是一种毒品，吸食鸦片可使人体质衰弱，寿命缩短，染上毒瘾，进而使人倾家荡产，家破人亡。 我们今天学习的鸦片战争是中国近代史的开端，中国近代史从1840年鸦片战争到1949年新中国成立，以五四运动为节点，之前是旧民主主义革命时期，之后是新民主主义革命时期。这一百多年的半殖民地半封建社会历史，是一部落后挨打的屈辱史，也是中国人民反抗外来侵略的抗争史。下面我们齐声读本课的学习目标。 （多媒体出示罂粟花和鸦片的图片，展示中国近代史线索图） （多媒体出示第一课《鸦片战争》的学习目标）	观看图片思考、讨论并回答老师的问题。 学生齐读学习目标，明确学习任务。 1. 英国为什么要向中国走私鸦片？鸦片的危害是什么？ 2. 林则徐虎门销烟的意义是什么？ 3. 鸦片战争的起因、经过、结果和影响。 4.《南京条约》的内容。 学生根据课前预习，在三分钟内完成导学案的填空题，检测课前预习情况。 学生观看地图、视频、图片、图表。 学生读课本材料并分析鸦片带来的危害。 生：许多白银流入英国，加剧了中国的贫弱。 生：官僚吸食鸦片，腐蚀了清朝的统治机构。 生：严重摧残了吸食者的体质，中国国民素质整体下降。 生：官兵吸食鸦片，削弱了军队的战斗力。	设计意图1：以罂粟花导入，调动学生的兴趣，引起学生的注意，唤起学生的求知欲，提高学生对学习的积极性。通过时间轴，让学生对中国近代史线索有个大概的认识，让学生带着问题，深入学习。 通过学生齐读问题，激发学生探究欲望，享受探究乐趣，锻炼学生的感悟能力。 设计意图2：通过参观鸦片战争主题纪念馆，激发学生的探究欲望，同时以纪念馆五大展厅为线索，将本课知识有机串联在一起，形成一个系统的体系，从而让学生更好地去感知历史。 通过课前预习及完成导学案，培养学生自主学习能力。

教学过程设计		
教学内容及教师活动	学生活动	设计意图及创新点
（二）感知历史，感悟历史。 展示图片：明确了学习任务，我们来参观鸦片战争主题纪念馆，此馆包括导言厅、局势厅、禁毒厅、战争厅、沉思厅五大展厅。我们将通过这五个展厅，带同学们全面了解鸦片战争前后的有关情况。 1. 导言厅：请结合导学提纲，自学本节课内容。 2. 局势厅：中英两国远隔重洋，19世纪中期从英国航行到中国必须绕非洲好望角，至少要4个月。相距如此遥远的两个国家，为什么会爆发战争呢？请同学们先观看一段视频。 思考：（1）鸦片战争前的英国和中国社会状况怎样？ （2）清朝前期中英贸易情况——英国处于贸易逆差地位。为了扭转贸易逆差，英国想到了什么办法？ （3）结合课本第4页《材料研读》，分析鸦片贸易给中国造成了怎样的危害？ 可见，鸦片给中国人民的确带来了深重的灾难啊！许多有识之士早已看在眼里。"是使数十年后，中原几无可以御敌之兵，且无可以充饷之银。"——林则徐。那么当时的中国究竟该何去何从呢？ 3. 禁毒厅——设身处地，出谋划策。假如你是当时清王朝的有识之士，面对鸦片走私所带来的严重问题，你将做些什么？	学生介绍虎门销烟的过程，记住时间。理解"虎门销烟"的意义。 学生根据课本知识简单讲述，了解鸦片战争的过程。 学生一：第一阶段 学生二：第二阶段 1. 学生自学课本第6页，完成《南京条约》的时间、内容、危害。 割地：严重损害中国的领土主权。 赔款：不但加剧了清政府的财政困难，也加重了中国人民的负担。 五口通商：使东南沿海门户大开。损害了中国的贸易主权。 协定关税：这表明关税税则中国自己不能做主决定，中国开始丧失关税自主权，为外国侵略者进行经济侵略提供了条件。 2. 学生自主学习后，回答《南京条约》后续条约和内容。 学生讨论：不能避免。因为打开中国市场是英国政府的既定政策，他们要保护肮脏的鸦片贸易，推行殖民扩张政策，什么手段都使得出来。即使没有林则徐的禁烟，他们也要用大炮说话的。	设计意图3：通过观看地图、视频、图片、图表，培养学生的识图和语言表达能力。 设计意图：体会其与其后进行的"虎门销烟"的因果递进关系，并且教育学生远离毒品。 设计意图4：通过林则徐禁烟的事迹，感受中国人民反抗侵略的斗争精神。 国务院原总理温家宝在第一次接见中外记者会上，引用了林则徐的这样一句名言："苟利国家生死以，岂因祸福避趋之。"它体现了林则徐以民族利益为重，不计较个人荣辱得失的高风亮节。 培养学生正确的情感和价值观。 设计意图5：通过学生讲述鸦片战争经过，培养学生语言表达能力，概括分析问题能力和动手能力，培养学生提取有效历史信息和论从史出的能力。 学生根据材料回答问题，小组合作探究相关问题。

教学过程设计		
教学内容及教师活动	学生活动	设计意图及创新点
教师：说得好，林则徐上书道光帝，痛陈鸦片输入的危害。道光帝采纳了林则徐严禁鸦片的建议，任命林则徐为钦差大臣，派他到广东查禁鸦片，于是就有了虎门销烟。 面对中国人的抵抗，英国方面当然不会善罢甘休，（出示材料）引出鸦片战争。 4. 战争厅，了解鸦片战争的过程，展示中英《鸦片战争形势图》，教师展示其过程： 第一阶段：1840年6月—1841年5月 第二阶段：1841年6月—1842年8月 （过渡）战争的失败不是结束，鸦片战争的战败带给中国的还有更深重的灾难。 《南京条约》的签订 教师引导学生，逐条归纳内容，并分析其危害后，教师进行归纳总结： 请看大屏幕，这是有关《南京条约》的一个图表，图表下面是备选答案，备选答案中有多项内容，给每个小组两分钟时间准备，然后选定一名代表利用多媒体完成这个图表，比比看哪个组完成得又快又正确。 《南京条约》是近代历史上外国侵略者强加给中国人民的第一个不平等条约，中国的领土、关税、贸易主权遭到破坏。 鸦片战争中，"天朝"不堪一击，其他的资本主义国家觉得机会来了，也接踵而至，强迫清政府签订了诸多不平等条约。	第一组： 学生：1816年（嘉庆二十一年），嘉庆皇帝和大臣孙玉庭的一段对白。 生（嘉庆）：英国是否富强？ 生（孙玉庭）：彼国大于西洋诸国，因此是强国；至于富吗，是由于中国富彼才富，富不如中国。 生（嘉庆）：何以见得？ 生（孙玉庭）：英国从中国买进茶叶，然后转卖给其他小国，如果我禁止茶叶出洋，则英国会穷得没法活命。 生（嘉庆）：哈哈哈…… 生（孙玉庭）：嘿嘿嘿…… 第二组： 生：1841年的一天，英国舰队炮轰广州。一位清军统领急匆匆奔向巡抚衙门。 生（统领）：报……报……告，大……大……人。 生（巡抚）：慌什么？	设计意图6：通过三个阶梯问题的设置，培养学生团队合作意识，解决重难点问题的能力，为学生提供一个发现自我、展示自我的平台。 有学生的表演做铺垫，学生分析鸦片战争清政府战败的原因就水到渠成了。 设计意图7：引导学生借鉴历史，关注现实，注意培养学生的情感、态度和价值观

教学过程设计		
教学内容及教师活动	学生活动	设计意图及创新点
总之，鸦片战争改变了中国历史发展的进程，开始从封建社会沦为半殖民地半封建社会。中国名义上是独立的国家，但是其自主政治已开始遭到外来干预，中国社会的自然经济遭到破坏。 过渡：鸦片战争已经过去了180多年，战争的烽火已经烟消云散，而所谓的天朝上邦，泱泱大国最终只能接受战败的事实，被迫签订了丧权辱国的《南京条约》。这些值得我们深思，就让我们一同走进沉思厅，回顾那段屈辱的历史。 5.沉思厅：展示幻灯片问题。 小组合作探究：（1）有人说：林则徐不禁烟，英国人就不会发动鸦片战争，因此这场战争是可以避免的。你认为战争可以避免吗？为什么？ （2）讨论：中国为什么会失败呢？下面有请两组同学演绎两场历史的对白。（角色模拟） （3）同学们的表演很精彩。根据上述两则对白，按组讨论、分析中国失败的原因，然后由小组代表发言。 （三）畅谈感受，以史为鉴 同学们结合自己的认识，谈谈学习了本课，你受到什么启示？ 课堂小结：同学们的发言给我很大启发。"落后就要挨打"是中国在鸦片战争中失败的根本原因和深刻的历史教训。我们要以史为鉴，勿忘国耻。我们更要珍爱生命，远离毒品，给身心以健康，给家庭以幸福，给社会以安宁，给人类以和谐。	生（统领）：洋……毛子开始攻……城啦，有一个怪物（军舰）架着一个长长的管子（大炮）不断朝城上施放妖术（发射炮弹），弟兄们都招架不住了，请大人定夺。 生（巡抚）：笨蛋！赶快给我投长矛扎，放火箭烧，实在不行，给我往下抛马桶，倒粪便。 生（统领）：喳。 生：落后就要挨打。 生：弱国无外交。 生：国家兴亡，匹夫有责。 生：汲取历史教训，避免历史悲剧重演。 生：林则徐等是我们中华民族的脊梁。 生：现在有很多人在贩卖和吸食毒品，我感到很痛心。我要从自身做起，远离毒品	

续　表

教学过程设计		
教学内容及教师活动	学生活动	设计意图及创新点
（四）拓展提升 1840年的鸦片战争，英国的坚船利炮轰开了中国的大门，清政府被迫签订丧权辱国的《南京条约》，使中国陷入半殖民地半封建社会，但这一页也带着光芒，林则徐、关天培等中华儿女不畏强权，英勇抗敌，向世界表明：中国人不可欺。现在中华民族已翻开了历史的新篇章，一项项领先世界的成就数不胜数，现如今的中国正在伟大复兴中国梦的引领下，向世人展示中华民族正在以全新的方式崛起，屹立在世界的东方！ 最后，让我们一起重温习近平总书记的一段话：铭记历史，不忘初心		
作业设计	1. 英国发动鸦片战争的目的是（D）。 A. 报复中国的禁烟运动　　　　B. 改变在对华传统贸易中的状况 C. 开展同中国的正当贸易　　　D. 希望对外开辟商品市场和掠夺原料产地 2. 最能说明林则徐禁绝鸦片坚强决心的是（B）。 A. 招募水师，天天训练　　　　　B. 下令在虎门海滩当众销毁鸦片 C. 令外商交出鸦片并写下保证书　D. 上书道光帝，请求禁烟 3. 鸦片战争后，中国社会逐步沦为（B）。 A. 封建社会　　　　　　　　　B. 半殖民地半封建社会 C. 殖民地　　　　　　　　　　D. 资本主义社会 4. 请同学们自制一张简易鸦片战争形势示意图，重点标出开放的五个通商口岸和香港岛，并根据地图，在小组中讲述鸦片战争的爆发、经过、结果等		
板书设计	1. 背景 2. 经过（爆发、经过、结果、《南京条约》） 3. 失败的原因 4. 影响（社会性质、标志）		
教学反思	鸦片战争爆发的根本原因涉及世界历史问题，初二学生理解起来有一定的难度，所以，提前布置学生查阅相关书籍、报刊、鸦片战争中国战败的原因，我用了两组同学做了演绎，效果事半功倍。另外，在教学过程中，配合问题启发、史料阅读、课堂讨论等方法，做到论从史出，史论结合		

新课程理念下的创新教学设计
——初中历史教学设计案例

【案例标题】

为中国喝彩——纪念改革开放42周年

【学科】

初中历史。

【年级】

八年级下册第三单元活动课。

【案例内容】

（1）设计指导思想：通过对改革开放30周年的艰辛与辉煌成就进行归纳和分析，使学生认识到改革开放是强国之路，党和政府始终把广大人民群众的利益放在首位，树立爱国爱党的思想，了解自己肩负的责任。

（2）教材分析：本节活动课在本单元中非常重要，它让学生深刻体会到身边的巨变。

【教学重难点】

1. 教学重点
（1）十一届三中全会的主要内容。
（2）改革开放后的辉煌成就的史实。

2. 教学难点
改革开放的作用。

【学情分析】

学生已经掌握了改革开放后的一系列历史事实，身边也发生了巨大的变化。

【教学目标】

1. 知识与能力

（1）通过欣赏歌曲《春天的故事》及改革开放后的成就的图片，引出为中国喝彩。

（2）培养并锻炼学生的以下能力：归纳分析能力，合作交流能力，获取历史信息、处理历史信息、史论结合地陈述历史问题的能力。

（3）通过纪念改革开放30周年的学习，培养学生热爱祖国的情感和民族自豪感，并使学生了解改革开放30年的艰辛与辉煌成就，认识到改革开放是强国之路，更深切地认识改革开放的意义，了解自己肩负的责任。

2. 过程与方法

（1）通过联系时事热点导入新课。

（2）通过分析归纳党和国家在不同时期重视"三农"问题的措施。

（3）在教学过程中，遵循自主、合作、探究的学习方式，利用问题的层层铺垫、推进，将历史和现实更好地结合，通过师生间、生生间的互动信息交流，使学生对改革开放的认识从感性上升到理性，增强对历史的感悟力。

3. 情感态度与价值观

（1）通过对改革开放30周年的归纳和分析，使学生认识到党和政府的出发点：始终将广大人民群众的利益放在首位，树立爱国爱党的思想。

（2）通过纪念改革开放30周年的学习，培养学生热爱祖国的情感和民族自豪感，并使学生了解改革开放30年的艰辛与辉煌成就，认识到改革开放是强国之路，更深切地认识改革开放的意义，了解自己肩负的责任。

【教法学法】

（1）通过联系时事热点导入新课。

（2）通过分析归纳党和国家在不同时期重视"三农"问题的措施。

（3）在教学过程中，遵循自主、合作、探究的学习方式，利用问题的层层铺垫、推进，将历史和现实更好地结合，通过师生间、生生间的互动信息交流，使学生对改革开放的认识从感性上升到理性，增强对历史的感悟力。

【媒体选择】

多媒体视频、图片等。

【教学程序】

（1）情景再现：播放歌曲《春天的故事》和多媒体视频、图片；设问：这首歌是为了纪念谁？取得了哪些成就？取得成就的原因？引出课题：为中国喝彩——纪念改革开放30周年。

（2）教师出示十一届三中全会图片介绍：十一届三中全会于1978年12月在北京召开。

（3）活动一：新中国成立以后，党和国家领导人都把人民的利益放在首位，出示党和国家在不同时期重视"三农"问题措施的表格让学生合作完成：

党和国家在不同时期重视"三农"问题措施

时间	政策或措施	人民的积极性
1950—1953年	颁布《中华人民共和国土地改革法》	充分调动广大人民积极性
1953—1956年	建立农业生产合作社	充分调动广大人民积极性
1958年	"大跃进"运动和人民公社化运动	挫伤人民积极性

教师解释：以上这些措施说明社会主义国家是在探索中前进，其中"大跃进"运动和人民公社化运动是探索中的严重失误，这时的中国共产党依据国情继续探索，在1978年，成功召开了十一届三中全会。出示十一届三中全会图片。

（4）讲解十一届三中全会（重点）。

（5）活动二：

①教师准备习题，学生答题。（多媒体展示）

②我能动动手，翻一翻。

（6）出示课内练习：改革是一柄"双刃剑"，它可以使一个国家摆脱民族危机实现民族独立，可以使封建统治者度过统治危机，可以使一个国家在一段时间内摆脱经济危机的困扰（美国1929—1933年的经济危机），但是改革不当也会导致国家分裂（苏联解体）。

①说出材料中"它可以使一个国家摆脱民族危机实现民族独立，可以使封建农奴主度过统治危机"的史实各一例。（日本明治维新，俄国1861年改革）

②请你举出中国在清政府时期也出现过的改革事件。（洋务运动、戊戌变法）

③解答上述问题，你认为我国的改革开放应该吸取什么经验教训？（善于吸收世界先进文化、科技，与时俱进，改革创新；重视发展教育，走"科教兴国，人才强国"战略和可持续发展战略；等等）

（7）活动三：

七嘴八舌话改革：在社会生活中，我们正享受着改革开放的成果。请列举一些这样的事例：如义务教育实行真正的免费教育；陈旧的校舍得到翻建和维修；农民最低生活保障和农村合作医疗；"村村通"工程；城镇交通基础设施和环境得到有效改善；"神舟"系列飞船、"嫦娥一号"月球探测卫星的成功发射；社会零售商品丰富多样；等等。

（8）活动四：

请你写一写改革开放的巨大作用（难点）：

改革开放是强国之路。改革开放使中国综合国力显著增强，国际地位不断提高，科学技术突飞猛进。只有社会主义才能救中国，只有改革开放才能发展中国、发展社会主义。

（9）课堂总结：

为了祖国的繁荣富强，把改革开放继续下去；为了实现现代化的目标，我们要将改革开放进行到底。中国，我为你喝彩！中国，我为你骄傲！

【教学评价设计】

（1）突出学生的主体地位。

（2）从学生的问题出发营造教学情境，设计教学问题，并引导学生探究、解决问题。

（3）设计出师生互动方式。

（4）争取准备两三种针对不同群体学生的教学安排。

（5）对教材内容做适当的处理，发掘出教材内容之间的内在逻辑联系和育人作用。

（6）课堂教学要减少统一讲解，增加学生的自主探究，增加学生的分组活动。

（7）教学反馈设计。（有些世界史的内容学生不熟悉，教师在设计上要注意要求不可过高）

第七节　道德与法治学科创新教育教学设计

人教版道德与法治八年级上册《网络改变世界》教学设计

课题	第二课《网络生活新空间》——网络改变世界	单元	第一单元《走进社会生活》
学科	道德与法治	年级	八年级上册
学习目标	情感态度和价值观目标	网络不仅丰富了我们的日常生活，同时推动了社会进步，引领社会生产的变革，但我们应该正确认识网络的作用，理性对待网络，树立网络规则意识	
	能力目标	1. 初步培养学生明辨是非的能力，培养规则和法治意识。 2. 能运用科学的思维方式认识事物、解决问题、规范行为	
	知识目标	1. 了解网络给我们的生活带来新变化。 2. 正确认识网络的作用，树立网络规则意识，理性对待网络	
重点	网络对社会生活产生的影响		
难点	网络是一把双刃剑		
学法	主体参与式学习	教法	情境教学法、交流讨论法
教学过程			

教学环节	教师活动	学生活动	设计意图
导入新课	（图片展示） 传统购物方式：地摊购物—集市购物—商场购物。 现代流行新购物方式：网络购物。 介绍网络购物网站图片。	学生对比购物方式发生的变化	通过对比购物方式、支付方式的变化，感受网络给我们的世界所带来的变化

教学过程			
教学环节	教师活动	学生活动	设计意图
导入新课	小结：社会在进步，时代在前进。人们的购物方式已然发生翻天覆地的变化，由集市购物、商场购物、现金支付，发展到网络购物、网络支付……（介绍支付宝、微信转账、扫码支付……） 设问：网络是什么？网络对我们有哪些影响		
讲授新课	活动一：运用你的经验 生活中，你经常借助互联网做哪些事情？ 如果没有互联网，人们的生活会变成什么样？ 提示：游戏、聊天、看新闻、查资料、购物…… 目标导学一：网络丰富日常生活 "百度搜索、京东购物、国家数字图书馆……"介绍。 小结：网络让我们日常生活中的信息传递和交流变得方便迅速。随着科学技术的不断发展，互联网已经成为一座拥有海量信息、开放的移动图书馆，不仅给人们提供信息，而且提供便捷的信息检索渠道。 课堂调查：你会在网上搜索查询你所需要的信息吗？ 图片展示：电脑、iPad、手机、wi-fi…… 结合上图和自己的生活经历，说说网络给人际交往方式带来的影响。 小结：网络打破了传统人际交往的时空限制，促进了人际交往。通过网络，我们可以随时随地与地球上任何	课堂调查。 现场调查。 学生讨论。 学生回顾并讨论热播电视节目。 学生阅读。 学生讨论。 学生网络游戏调查。 案例分析讨论	了解学生生活以及对互联网的使用情况。 了解学生使用网络的情况。 通过学生的网购经历，让学生感受到网络给生活带来的便利。 让学生了解时政，关注时政。 培养学生社会责任感。 感受网络的互动与传播以及网络媒体等对人们精神生活的丰富。 了解信息时代大数据，拓宽学生视野。 使学生认识到网络不但对人们有利，也存在弊端。

教学过程			
教学环节	教师活动	学生活动	设计意图
讲授新课	角落的人交流、互动，世界变成了"鸡犬之声相闻"的地球村，人们不再"老死不相往来"，纵使相隔万里，也如近在咫尺。 简单介绍网络常用人际交往软件：QQ、微信、陌陌…… 活动二：中学生"网购"——现场调查 （1）你有网络购物的经历吗？如果有，你通过网络购买过哪些商品？ （2）互联网给我们的生活带来哪些便利？ 提示：网络让我们的生活变得更加便利和丰富多彩。网上购物、远程医疗、网上教学、休闲娱乐等，不仅节约了我们的成本，而且提高了工作效率。 目标导学二：网络推动社会进步 情境一展示——2017（第二届）年中国产业互联网大会 提示：网络为经济发展注入新的活力。互联网与传统行业的融合，推动了传统行业转型升级，创造了新业态，提升了经济发展水平。互联网大大促进了人才、资金、技术、物资的流动，已经成为社会生产的新工具、经济贸易的新途径。 情境二展示——"我向总理说句话" 政府开通这样的网络渠道有什么作用？ 我们中学生遇到类似情况，可以通过哪些渠道向有关部门反映相关问题？		引导学生正确使用和对待网络，树立正确的网络意识。 正确认识网络的作用，理性对待网络，树立网络规则意识

教学过程			
教学环节	教师活动	学生活动	设计意图
讲授新课	提示：网络促进民主政治的进步。互联网丰富了民主形式，拓宽了民主渠道，激增的网民留言数量说明公民的民主意识不断提升。党和国家努力保障公民行使知情权、参与权、表达权、监督权，使社会主义民主更加深入人心，确保人民当家作主，推动社会民主化进程。 情境三展示——《中国新歌声》《见字如面》 电视节目《中国新歌声》《见字如面》以不同节目形式向观众展现艺术与生活。网络时代高科技为这些社会正能量的文化传播提供了加速度，丰富了我们的精神生活，陶冶了我们的心灵。 小结：网络为文化传播和科技创新搭建新平台，打破了地域的界限，极大地拓展了文化交流的内容、场合及范围，提高了文化传播的速度。互联网还促进了科技创新所需的物质与信息资源快速流动，加速了各种创新资源的汇聚、融合与共享。 学生阅读：信息时代大数据 基于互联网的大数据正在改变我们的生活和我们理解世界的方式，成为众多新发明和新服务的源泉。 链接分析——大数据应用于学生生活 目标导学三：网络是一把双刃剑 情境一：无籽葡萄的谣传 小结：网络信息良莠不齐。 在网络时代，人人都能够参与信息发布，信息变得丰富的同时，也不乏虚假的、不良的内容。		

教学过程			
教学环节	教师活动	学生活动	设计意图
讲授新课	这样的网络谣言严重扰乱了我们的生活，侵犯了我们的合法权益，败坏了社会风气，破坏了社会秩序，严重影响社会的和谐稳定。 学习自我阅读：方法与技能。 情境二：网游的"我"（图片展示） 小结：沉迷于网络，影响学习、工作和生活； 大量冗余信息干扰人们的选择，耗费人们的时间； 碎片化信息影响人们思考的深度； 一些人因沉迷网络、虚拟交往而疏离了现实的人际关系。 情境三：信息泄露致徐玉玉死亡案 小结：在开放的网络世界里，信息泄露、手机窃听、窥密偷拍等侵犯个人隐私的行为，让人防不胜防。各种侵犯个人隐私的行为会给被侵权人造成困扰和伤害，给社会带来恐慌和不安。 个人隐私容易被侵犯。 学生阅读相关链接：法律保护个人信息及隐私。 活动：拓展空间 新媒体给我们的生活带来了哪些利与弊？ 提示： 利——网络丰富日常生活；网络推动社会进步。 弊——网络是一把"双刃剑"		

续　表

教学过程			
教学环节	教师活动	学生活动	设计意图
课堂小结	网络不仅丰富了我们的日常生活，同时推动了社会进步，引领社会生产的变革，但我们应该正确认识网络的作用，理性对待网络，树立网络规则意识		培养学生正确对待网络的态度
板书	网络改变世界 一、网络丰富日常生活 1.网络让我们日常生活的信息传递和交流更加方便快捷； 2.网络打破传统人际交往的时空界限，促进人际交往； 3.网络让我们的生活更加便利和丰富多彩。 二、网络推动社会进步 1.网络为经济发展注入新的活力； 2.网络促进民主政治的进步； 3.网络为文化传播和科技创新搭建新平台。 三、网络是一把双刃剑 1.网络信息良莠不齐。 2.沉迷于网络，影响学习、工作和生活。 3.个人隐私容易被侵犯		总结本框内容涉及的主要知识点，形成知识结构图

第八节　地理学科创新教育教学设计

新人教版七年级上册《大洲和大洋》教学设计

【设计理念】

当今的新课程改革，提倡转变学生的学习方式，采用以"主动参与，乐于探究，交流与合作"为主的学习方式。利用现代化的教学手段辅助地理教学，创设情境，激发学生兴趣，引导学生学以致用，落实教学目标。学生自己动手做演示、教师指导、课件播放、练习体会等综合方法培养学生的创新思维，引导学生去主动学习，学会运用地理图表资料说明和解决地理问题，从而实现学习方式的改变，逐渐从"学会"发展到"会学"，掌握学习方法，促进学生学习能力发展，体现以学生发展为本的教学理念。

【教学目标】

1. 知识目标

通过阅读海陆分布图和海陆面积的比较示意图，使学生了解全球海陆分布，了解海陆面积比例。运用地图判别大洲、大陆、半岛、岛屿及大洋、海和海峡，并能在世界地图上说明七大洲和四大洋的名称、位置、轮廓和分布特征。培养和提高学生读图绘图的能力，达到灵活运用掌握的目的。

2. 能力目标

本节课学生的学习是循序渐进的过程，从学生讨论"是地球还是水球？"到了解海陆的分布，再到探索和发现大陆、半岛、岛屿和海洋、海峡的区别，从科学的角度重新认识七大洲和四大洋的过程。主要采用组织学生活动的方法，使学生会用地球仪、世界地图，培养学生提取信息、分析资料、发现问题、解决问题及快速获取、分析、加工和利用地理信息能力，培养学生的问题意识，以及通过师生互动，培养学生加强理论联系实际的能力。

3. 情感目标

通过对本节的学习，学生了解地理知识的功能与价值，形成主动学习的态度，激发学生对地理问题的兴趣，同时渗透开放性的话题，组织讨论，鼓励学生大胆发表自己的观点，培养学生的口头表达能力和求异思维。通过组织竞赛活动，增强学生的竞争意识、团结协作意识，并加强语言表达的能力，通过师生互动，创建一种民主、平等、交往的新型师生关系。让学生切切实实感受到现在学习的是对生活有用的地理，是对终身发展有用的地理。

【教学重难点】

（1）教学重点：①认识海陆面积比例；②七大洲和四大洋的位置、分布及大洲轮廓——落实在地球仪和地图上。

（2）教学难点：熟悉七大洲和四大洋的分布位置和关系。

【教具准备】

多媒体课件、地球仪、世界地图、竞赛图表。

【教学方法】

讨论教学法、多媒体电脑直观演示法和知识竞赛法。

【教学过程】

按照学生的认知规律，遵循教师为引导，学生为主体，训练为主线的指导思想，笔者把本课教学过程设计为六个环节：

教学步骤	教师活动	学生活动	课件演示	教学效果
（一）创设情景导入本课（4分钟）	师：同学们，地球是我们生活的家园，但宇航员加加林在太空看到的地球却是一个蔚蓝色的美丽的星	1.观察地球仪和火箭升空的动画演示。	地球动画和图片	直观生动的形象，引发了学生的兴趣，学生的注意力集中在课

教学步骤	教师活动	学生活动	课件演示	教学效果
（一）创设情景导入本课（4分钟）	球。他说："我们给地球起错了名字，它应该叫作水球。"那么到底应该叫地球还是水球	2.学习小组讨论：是地球还是水球？ 3.由学生讨论后请学生代表发言，在此基础上教师归纳。这种教学方式，强化了讨论法这一学习方法		堂上；通过对问题的讨论和交流，让学生发表不同的见解，培养了语言表达能力，发挥学生学习的主动性，营造宽松的学习环境
（二）动手观察探究新知（7分钟）	1.师：引导学生旋转地球仪，开展"拥抱地球"活动，观察任何半球是陆地大还是海洋大？最后统计学生的"拥抱"结果，从而得出结论。（海洋比陆地大） 2.师：这个结果对于我们现代人来讲是很容易的，而古代人认识海陆分布有没有那么容易呢？接下来就让我们来认识几位著名的探险家和他们为人类认识世界所做的贡献吧。 3.师：看看陆地主要集中在哪个半球？海洋大多分布在哪个半球？图中北极地区和南极地区分别是海洋还是陆地	1.随机地用双手"拥抱地球"，看看他们的右手大拇指所指的地方是海洋还是陆地。 2.观看展示。 3.观察不同的地图进行分析判断。 4.学生踊跃回答问题	1.展示著名探险家和他们为人类认识世界所做的贡献。 2.世界海陆分布图。 3.世界海陆面积比较图。 4.水、陆半球图。 5.南北半球和东西半球海陆分布图	活动调动了学生的学习热情，培养和提高学生读图的能力，使学生在使用地球仪、世界地图中，培养了分析资料、提取信息、发现问题、解决问题及快速获取、分析、加工和利用地理信息的能力。学生也体会人类的认识世界是需要不断地探究和拼搏的，追求真理是人类永远的目标
（三）观察思考深入自学（5分钟）	1.师：无论是哪个半球，海洋面积总是比陆地大，接下来请学生在图中找出海洋有几种表示方式？（海、洋、海峡） 2.师：看完海洋，我们一起来看看我们熟悉的陆地吧。（引导学生区别大陆、半岛、岛屿和大洲）	学生看图巩固陆地和海洋的各种表现形式，并回答问题	1."大陆、半岛、岛屿与海洋"素描图。 2.世界地形图	学生大多学会运用地图判别大洲、大陆、半岛、岛屿及大洋、海和海峡

教学步骤	教师活动	学生活动	课件演示	教学效果
（四）师生互动突出重点（20分钟）	1. 师：地球上广大的海洋和陆地我们可以用六个字涵盖全部。（七大洲四大洋） 2. 教师指导并和学生一起找七大洲四大洋。"亚非北南美、南极欧大洋""太大印北" 3. 引导学生观察思考讨论各大洲的轮廓及分布特征。 4. 引导学生在空白图上填写七大洲和四大洋以及大洲的界线（大多数学生可以完成，学习困难的学生可以向组长和老师求助）	1. 请一位同学带领全班学生认识七大洲、四大洋。 2. 让全体同学根据世界地图，说出主要大洲的分界线。 3. 用简单的几何图形绘制各大洲的轮廓以及四大洋相对位置。 4. 各小组在空白图上填写七大洲四大洋以及大洲的界线	1. 大洲、大洋的分布图。 2. 各大洲大小比较示意图。 3. 亚洲与欧洲、非洲分界图。 4. 北美洲与南美洲、亚洲分界图。 5. 各大洋大小比较示意图。 6."一笔绘五洲"	学生通过进行深入的自主学习，培养对新知识的理解能力，学生动手绘图加深了学生的空间印象，也提高了绘图技能。通过师生互动，创建一种民主、平等、交往的新型师生关系，一起突破难点，突出重点。使学生逐渐从"学会"发展到"会学"，掌握学习方法，促进学生学习能力发展，体现以学生发展为本的教学理念
（五）竞赛活动巩固练习（6分钟）	1. 设置抢答题 （1）七大洲面积由大到小如何排序？ （2）亚洲和欧洲的界线是什么？ （3）哪些大洲全部或大部分在北半球？那南半球呢？ …… 2. 把各组的得分写入表格，对各组的表现做出点评	以小组为单位参加竞赛活动，以抢答形式为主（各组任一成员都可抢答，答对的为本组得分）	1. 所提的问题和图片。 2. 世界地形图竞赛版（对答对的同学课件会给予掌声鼓励）	中学生好胜心强，用竞赛的方式，不仅培养了学生的识图、读图能力和团结协作的精神，也提高了学生的竞争意识。使学生增强自信心，激发学习热情。同时通过课堂练习，启发学生从书本知识回到社会实践，学以致用，落实教学目标

教学步骤	教师活动	学生活动	课件演示	教学效果
（六） 小结本课 布置作业 （3分钟）	1. 师："本节课你学习了哪些知识？"引导学生总结，并以板书将重难点内容用彩笔表示出来，巩固本节知识。 2. 布置作业： 地理填充图册第12～13页	1. 学生总结并记录重点难点。 2. 记录作业内容并做作业	板书和作业内容	培养学生归纳总结能力，通过书面作业对所学知识加以巩固

【教学反思】

本节课学生能够主动积极地参与到教学中来，而且学得较为轻松，课堂教学效果很好，体现了新课程改革的具体要求。在整个过程中，以培养学生的主动探索精神为指导思想，在对教材处理中，创设教学情景，化抽象为具体，并提出富有启发性和开放性的问题，引导学生分析归纳，以化解教学重点、难点，培养学生的分析、归纳能力；同时通过讨论、课堂练习、竞赛活动等一系列教学活动，使学生动口动脑，加深学生对知识的感知和理解，增强学生的交流合作和分析探究能力，品尝自主学习的乐趣。本节课读图较多，难度并不大，笔者特别注意在提问时问题的目的性明确，尽量避免重复、啰唆，把能由学生完成的尽量让他们来做。注意面向不同层次的学生，使基础差的学生也能有表现的机会，多使用鼓励性语言，增强他们的自尊心和自信心，激发其学习热情。不足之处在于有些学生参与探究的主动性还没有充分发挥出来，部分学生缺少自己的创见。

第九节 生物学科创新教育教学设计

人教版七年级下册《流动的组织——血液》教学设计

【设计指导思想】

21世纪是大力推行现代技术教育的时代，生物学科由于自身的特点，更是一马当先。在《流动的组织——血液》一节教学中，通过CAI多媒体教学以及开放性主题活动，培养学生主动的和创新的思维能力；在教与学双边活动中充分发挥教师为主导，学生为主体的作用，变注入式教学为探究式学习；并结合初中生特点，注重教学过程中的情感体验，进行愉快教育的课堂教学。

【教材分析】

教材地位：《流动的组织——血液》一课是人教版教材七年级生物下册第四章《人体内物质的运输》第一节的内容，《流动的组织——血液》之所以作为循环系统的第一部分内容，首先因为它是另外三节课的基础，而有关血液和物质运输这个大课题的联系更是十分密切，教材第一句话就阐述得非常清楚，即"人体内的物质运输，是靠血液的循环流动来实现的"。并由此铺展开该课的三部分内容：（1）血液的组成；（2）血液的功能；（3）血量和输血。

【教材重难点】

（1）教学重点：血细胞的种类、数目、形态结构。

（2）教学难点：血细胞的功能。

【学情分析】

初一学生已经学习了动物细胞的基础知识，并且知道物质运输是高等动植物体的重要生命特征。他们在实际生活中也经常接触到血液的一些常识，有助于教师联系生活实际讲解血液的功能、血量和输血等知识点。但是血细胞是肉眼看不到的，因此血细胞的形态结构、功能等知识点较为抽象。

【教学目标】

1. 知识目标

（1）了解血浆的成分和功能。

（2）了解血液的功能。

（3）了解人体的血量与输血的原则。

（4）掌握血细胞的形态和功能。

2. 能力目标

（1）培养学生熟练使用显微镜观察永久血涂片的能力；

（2）通过观察血液成分分析实验、血涂片以及CAI课件等培养初中生的观察力、分析解决问题的能力、比较归纳综合的能力。

3. 情感目标

通过学生去血站和义务献血点所做的社会调查，初步培养学生的实践能力、收集和处理信息的能力，并增强其社会责任感。

【教法设计】

本节课以探究法为主，结合讲述法、观察法、讨论法等多种教学法，具体来说，就是运用CAI课件加强直观教学，采用边讲述、边实验、边观察与学生讨论相结合的方法，并在课堂教学中贯穿愉快教育。对于抽象难理解的内容，利用现代教育技术巧妙攻克。例如，三种血细胞的形态结构和功能是我们肉眼所看不到的，如果只用投影或挂图等静态演示，学生们还是很难理解一些知识点的。主要是结构和功能如何统一的问题，包括：红细胞是怎么运输氧气和二氧化碳的，白细胞又是怎么吞噬细菌的，血小板是如何发挥其止血和凝血功能的，等等。在我们设计的CAI课件中就集图文声于一体，形象直观地使以上教学难点迎刃而解。

【学法指导】

由于该课以实验为基础，概念及相应的图片较多，教师可指导学生采用边看、边想、边比较的方法进行学习。"看"就是看实验、看课件，从中发现问题探索知识，"想"就是回答教师精心设置的问题，"比较"就是采用比较记忆法来记忆三种血细胞的数目形态和功能。并且利用中学生喜欢的卡通表现手法来激发其学习兴趣。为了发挥学生的主体作用，在本节课中，教师可鼓励学生们联系生活实际，大胆发言，并留给他们一定的时间讨论问题。如在讲述第二部分血液的功能时，就可以让学生们自己分析归纳和总结。

【教学过程】

程序		教学活动		设计意图
		教师活动	学生活动	
课前准备		1. 给学生布置调查任务 2. 准备有关实验器材 3. 制作CAI课件	1. 各生物小组去调查各血站义务献血情况，统计各血站每月各种血型的献血量为多少（见报告）。 2. 各生物小组协助教师准备实验所用的显微镜和血涂片	鼓励学生深入社会去调查实践，培养其收集信息和处理信息的能力
导入新课		课件展示：漫游循环系统	学生质疑：血液的循环流动有何意义，血液由哪些成分组成呢	创设意境，唤醒学生的好奇心
讲解主要知识体系	血液的成分	演示血液的成分分析实验，提问在试管中有几种不同的颜色分层。 演示课件中的血液成分分析表，教师引导学生了解不同的颜色所含的成分，并且在此重点讲解血浆的成分和功能	仔细观察实验和课件，认真思考教师提出的问题，了解血液由哪些成分组成，然后在教师的启发下归纳总结血浆的成分和功能	加强直观教学，让学生初步对血液的成分形成感性认识，从而培养学生的观察力、理解和分析问题的能力
		布置学生实验，用显微镜观察人的永久血涂片，提出观察任务，即区分不同血细胞的形态结构和数量比例	用显微镜观察人的永久血涂片，学会区分不同的血细胞，并比较血细胞的数量比例	充分利用实验和课件等直观教学手段，以声感、形感、色感、动感直

程序		教学活动		设计意图
		教师活动	学生活动	
讲解主要知识体系	血液的主要成分	结合观察结果，教师讲解血细胞的形态结构、数量、功能，并同时演示课件中的图片和动画（图片：血细胞的形态结构；动画：血细胞的功能）。用血细胞知识点比较表引导学生归纳总结，来突破本节课的重难点	观察课件中有关的图片和动画，深入理解各种血细胞的形态结构、数量、功能。然后在教师的引导下用比较记忆法来归纳总结血细胞知识点	接让学生从宏观到微观，层层深入地了解血液，并从感性认识上升到理性认识，体现了探究法学习
主要知识体系	血液的功能	教师提出问题，引导学生根据所学的知识点归纳总结： 1. 血液由哪些成分组成，各有什么功能？ 2. 在生活中，有哪些现象能用所学的知识来解释？ 结合课件演示血液的功能。 （提示：在教师设计的网页中有更多的相关内容，让学生课下自己查找）	积极参与课堂讨论，联系实际归纳总结血液的各项功能。 课下根据自己的兴趣在我校局域网上查阅收集资料，拓展知识面	发挥以教师为主导、学生为主体的作用，充分调动学生参与课堂教学的积极性，培养其分析问题解决问题的能力，并通过在网上收集资料培养其主动阅搜知识的兴趣和能力
	血量和输血	收集学生的调查表，引导学生思考为什么我国要制定《献血法》提倡义务献血呢？ 讲解人体的血量以及一个健康成年人一次献血200～400毫升的血液是不会影响身体健康的，适时进行义务献血的道德教育。 讲解在临床上以输入同型血为原则的原因，以及正确的输血操作过程（包括交叉配血），并演示课件的有关内容	根据去血站的社会调查，增强自身的社会责任感，结合所学知识理解血液对于人体生命的重要性，并进一步质疑：临床上是怎么进行正确的输血来救死扶伤的？除了同型血，能否用异型血来救急？……除了在课堂上学习有关的知识外，还要去医院深入了解调查	这部分知识是前两部分理论的实践应用，和实际生活有密切的关系，要鼓励学生从课堂走到课外，将知识有效拓展，同时也体现了科学教育与思想教育的高度统一
小结和反馈		教师引导学生总结本课的知识点： （1）学习了几个概念？ （2）包括几个方面内容？ （3）知识的内在联系	学生在教师的启发下自己总结本课的内容，并要在课下完成一份知识点网络图	通过学生自己小结培养其归纳总结能力，并学会灵活运用知识的能力，做到举一反三，把书

续 表

程序	教学活动		设计意图
	教师活动	学生活动	
小结和反馈	通过精心设计的习题进行反馈，在评判答案时，要多用鼓励的语言，来肯定学生的学习成果	认真思考教师所提出的问题，及时发现不足并自发进行纠错	本知识由厚变薄

【板书设计】

第一节 流动的组织——血液

血液的成分
　血浆　{ 成分：水、无机盐、葡萄糖、蛋白质、尿素和尿酸
　　　　 功能：运输养料和废物，运载血细胞
　血细胞　附：血细胞知识表（同知识检测）
血液的功能
血量和输血　{ 血量：正常人体血量为体重的7%～8%
　　　　　　 输血：以输入同型血为原则

《传染病的预防》教学设计

授课内容	传染病的预防	计划课时	2
教材版本	苏科版生物学八年级下册	课型	新授
第1课时			

三维目标	知识与能力	1. 说明传染病的病因、传播途径和预防措施。 2. 列举常见的传染病。 3. 关注常见传染病的流行和预防机制及其与人体健康
	过程与方法	1. 锻炼学生的观察能力、综合概括能力，同时提高学生的表达、交流、合作能力。 2. 指导学生阅读学习资料，锻炼学生的自主学习能力、创新思维能力，探究能力、迁移运用能力

第1课时			
三维 目标	情感态度 与价值观	1. 模拟体验传染病的传播途径，认同养成良好的卫生习惯是预防传染病的重要措施。 2. 通过学习新型冠状病毒肺炎的预防，认同社会主义核心价值观、中华优秀传统文化所具有的强大精神动力，是凝聚人心、汇聚民族力的强大力量		
教学重点		列举传染病的病原体、传播途径与预防措施		
教学难点		探究传染病的传播途径，学会预防传染病的方法，形成自觉预防传染病的意识和行为		
教材分析		这节课是苏科版生物学第8单元第24章第2节的内容。传染病与学生的日常生活紧密相关。因此，学习传染病的知识，预防疾病，增进健康，对青少年儿童健康成长起到了一个非常重要的作用。本节分为"引发传染病的病原体""认识病毒""传染病的传播""传染病的预防"和"预防艾滋病"五个部分。这节课主要引导学生学习"引发传染病的病原体""传染病的传播""传染病的预防"三个部分。通过正在全球流行的传染病——新型冠状病毒肺炎和在当地近年来出现过的流行性出血热来学习传染病，学生更能感同身受，学习兴趣浓厚，也有助于学生掌握传染病		
学情分析		八年级的学生已经具备了一定的生物学知识储备，正处于思维活跃时期，对新鲜的事物富有探索精神。微生物已经在七年级学习过，这节课再说到病原体的时候学生基本都能了解。他们在日常生活中已经初步了解了传染病，但对于传染病是怎样流行的却不是很了解。所以，在教学过程中，教师应该注意紧密联系学生的生活实际，活动设计尽量与学生的生活实际联系，并让学生参与其中，自主思考问题，自主探索合作交流，用身边的事例来引导学生分析、理解传染病。充分激发学生的学习兴趣，调动学生的主动性和积极性，从而提高学生思考分析的能力，进而能让学生更好地掌握知识		
教学方法 教学用具		教学策略： 分析归纳法、讨论探究法、模拟实验法、生活感悟法。 教师准备： 多媒体课件、面粉		
教学活动				
教学过程	学生活动	教师活动	设计意图
情境导入	1. 汇报当前全国以及全世界新型冠状病毒肺炎疫情的情况。	出示图片，全球新冠疫情时事新闻及新冠疫情期间各单位及人员的感动瞬间。	关注生活，关注健康，感受传染病与我们的生活息息相关。

教学活动			
教学过程	学生活动	教师活动	设计意图
情境导入	2. 说说历史记载中对人类健康影响较大的传染病	引导学生思考传染病对当前生活的影响	新冠疫情改变了我们原本的生活节奏，也让我们感受到了国家的力量和民族的强大凝聚力（3分钟）
新课讲授	快速阅读课本第53页，找到传染病的定义	疾病有传染性和非传染性之分。什么是传染病呢？引起传染病的生物有哪些呢	初春季节是各种传染病的高发时期，我们该如何预防呢？（3分钟）
传染病的定义	略	出示能引起传染病的细菌、病毒、寄生虫、真菌图片，引导学生判断引起的传染病。按照病原体的不同，我们将传染病分为细菌性传染病、病毒性传染病、寄生虫性传染病、真菌性传染病	略
病原体	细菌，病毒，寄生虫，真菌。分析病原体引起的传染病	略	略
传染病的特点	观看视频，总结传染病的主要特点：传染性和流行性	播放视频，引导学生了解传染病的特点	略
练一练	参与白板游戏。请一个学生手上沾上面粉，与另一个学生握手；这个学生再与另一个学生握手；以此类推。	设计练习题，以趣味游戏的形式巩固传染病。告知学生"如果这些面粉就是模拟的病原体"，请被握手过的其他同学展示其手，并谈谈感受。	真实体验接触传染过程，也通过参与活动的同学说出"洗手可以简单地预防传染病"。（3分钟）

教学活动			
教学过程	学生活动	教师活动	设计意图
练一练	讨论：面粉代表了什么？病原体是如何进行传播的？ 讨论：握手活动中，病原体传播由哪三个环节组成？（携带病原体的人，握手传播，与之握手的人） 患者和携带者是病原体，思考蛔虫是病原体吗？ 讨论：握手传播疾病属于哪一类传播途径呢	假设第一位带有面粉的同学来自新冠感染地区，谈谈自己的感受。 给学生讨论的空间，协助他们得出结论：面粉代表病原体，病原体传播需要三个基本环节	引导学生积极参与，在体验活动后引入概念。 通过阅读课本和老师的讲解，加深对概念的理解（3分钟） 知识反馈。 出谋划策。 让学生了解知识来源于生活，通过归纳总结发现其规律，再用这些规律指导生活，我们才能更健康地生活（15分钟）
握手模拟传染病的传播	通过老师讲解和阅读信息库内容了解传染病的主要传播途径。 在白板软件上连线判断传染病的传播途径，了解新冠的传播途径。 讨论：在流感季节，哪些人容易患病		
传染病的基本环节	思考讨论： 控制传染源怎么做？ 易感人群怎么做？ 传播途径怎么避免	概念引入：传染病传播的三个基本环节：传染源，传播途径，易感人群。 引导学生对照课本第58页分析传染源、传播途径、易感人群的概念。 引导学生对比分析传染源和病原体	通过疾病了解常见传染病的危害。（3分钟）

续　表

教学活动			
教学过程	学生活动	教师活动	设计意图
传染病的基本环节		介绍主要的传播途径，指导学生阅读第65页信息库。 有些传染病的传播途径有多条。比如新型冠状病毒肺炎和流行性出血热。 分析易感人群的概念	
概念分析、图文分析	分析教材第59页图24-8，说说它们分别属于预防传染病的哪种措施	设计练习题巩固知识点。 通过练习题巩固传染病的传播	略
概念应用	讨论如果身边有人患此病，我们会被传染吗	假如我们班有一名同学患了流感，为了防止流感扩散，现在该怎么办呢？ 归纳得出：传染病的任何一个环节被切断，都可以预防传染病的传播。 归纳预防传染病的措施：控制传染源，切断传播途径，保护易感人群	略
资料分析	资料：央视网2018年12月18日 截至12月17日，银川阅海一小报告类似病例35例，其中有6名学生确认感染诺如病毒，构成其他感染性腹泻聚集性病例。学校做好教室、宿舍厕所、公用通道的消毒，同时建议，应对桌面、楼梯扶手、门把手	资料准备，让学生了解：此病的病原体是诺如病毒，传播途径是接触传播。 给学生提示：对身边出现的新冠肺炎，要了解其传染源、传播途径，才能避免恐慌情绪，有针对性地做好预防措施。 及时给学生纠正讲解	讨论如何应对面临真实场景可能诱发的恐慌心理。 （2分钟） 拓展阅读，共享信息。 （2分钟）

教学活动			
教学过程	学生活动	教师活动	设计意图
资料分析	等易污染部位每日消毒。老师一旦发现学生出现恶心、呕吐、腹泻等症状，建议患病学生及时就医，确诊后回家隔离治疗，并按时向辖区疾控中心报告，如遇学生在教室呕吐，严禁让其他学生帮助清理呕吐物，应及时报告校医，进行规范的清理和消毒。家长们要教育孩子养成饭前便后勤洗手的好习惯，同时加强体育锻炼，均衡饮食，保持充足睡眠，提高身体抵抗力。如果您的孩子确诊被诺如病毒感染，切记一定不要让孩子带病上课。 讨论：如果身边有人患此病，我们会被传染吗		
拓展阅读STS	阅读STS：警惕身边的食源性寄生虫	略	略
链接中考	1. "使用公筷，筷筷有爱"从预防传染病的角度来说，"使用公筷"属于（ ）。 A. 消灭病原体 B. 控制传染源 C. 保护易感人群 D. 切断传播途径 2. 新冠肺炎流行期间，在公共场所大家戴口罩，其目的是（ ）。 A. 控制传染源	设计练习题巩固知识点，通过练习题巩固传染病的传播	体验中考题型（4分钟）

续　表

	教学活动		
教学过程	学生活动	教师活动	设计意图
链接中考	B. 切断传播途径 C. 保护易感人群 D. 以上都对 3. 为了防控新冠肺炎，我们取消一切活动，居家办公、学习等这种措施属于（　　）。 A. 切断传播途径 B. 控制传染源 C. 保护易感人群 D. 增强免疫力 4. 我校防控新冠肺炎注意落实"四早"，即早发现、早报告、早隔离、早治疗，此措施属于（　　）。 A. 控制传染源 B. 切断传播途径 C. 保护易感人群 D. 以上都对		
课堂小结	这节课你学到了什么？（2分钟）		
板书设计	第24章第2节　传染病的预防 一、定义：传染病是指由病原体引起的，能在人与人之间，或人与动物之间传播的疾病。 二、特点：流行性和传染性 三、流行环节 { 传染源　传播途径　易感人群 四、预防措施 { 控制传染源　切断传播途径　保护易感人群		

续 表

教学反思	这节课用新媒体软件（希沃白板）制作课件，利用趣味游戏，学生在白板上书写，模拟探究实验等来激发学生的学习兴趣。通过课件和课本的结合来巩固和理解知识点。本节课结合新冠疫情防护和相关报道，具有时效性和针对性，能够引起学生共鸣，激发学习兴趣。通过学习了解新冠病毒的传播途径缓解对新冠病毒的恐慌和焦虑情绪，了解防护措施，提高学生的防护意识和提高对疾病的预防。这节课环节较多，内容也多，时间安排紧张，学生兴趣浓厚，应该给学生更多的留白时间。在今后的学习和生活中应关注社会热点，拓宽知识面，注重学科之间的整合，通过不断的学习完善自身建设，以适应现代教育的要求

第十节　音体美学科创新教学设计

《我的中国心》教学设计

（初中音乐）

【教学目标】

1. 知识与技能

（1）能够以坚定而富有弹性的声音演唱歌曲，表达情感。

（2）能够深刻感受《我的中国心》中所表达的情感，了解声乐的演唱形式。

2. 过程与方法

能够通过对节拍、节奏、旋律等的分析，感受、体验其音乐特点。

3. 情感态度与价值观

通过歌曲的欣赏及演唱，激发学生对祖国的热爱，培养学生的爱国主义情怀。

【学情分析】

八年级学生喜欢上音乐课，喜欢听流行音乐，由于正处在变声期，学生不喜欢自己演唱，这跟他们青春期心理与生理的变化有关。针对这种情况，老师应多让学生聆听音乐，在聆听的基础上加强音乐知识的教授，扩大学生的音乐视野。培养学生自主创新能力，让学生自主学习音乐歌曲，尝试做小音乐老师来教同学唱歌，这样更能促进学生的积极性，提高学生的学教能力。

【教学重难点】

（1）教学重点：体验歌曲的情绪。

（2）教学难点：分辨演唱形式。

【教学过程】

（一）音乐知识

声乐的演唱形式：

（1）独唱：一个人演唱。

（2）齐唱与轮唱：由两个以上或更多的人演唱同一个旋律。

（3）重唱：多声部的作品，根据声部可分为二重唱、三重唱等。

（4）对唱：两个人或两组人作对答式的演唱。

（5）合唱：包括几种形式：

① 混声合唱：四个声部（女高、女低、男高、男低）的演唱。

② 同声合唱：男声合唱、女声合唱、童声合唱。

③ 领唱加合唱：一领众和的合唱。

④ 小合唱：人数较少的合唱。

⑤ 无伴奏合唱：无乐器伴奏，由纯人声演唱的合唱。

（二）感受鉴赏

（1）播放歌曲《我的中国心》，请学生仔细聆听，用语言描述歌曲所表达的情绪。

（2）作品简介。

《我的中国心》由黄霑作词，王福龄谱曲。在1984年中央电视台举办的春节联欢晚会上，香港青年歌手张明敏演唱了这首歌曲。歌曲的歌词感情炽热、真挚，旋律优美、动听，深深地表达了海外赤子眷恋祖国的心声，因此，一经唱出，即在全国范围内引起震撼性的反响，成为脍炙人口、经久不衰的经典曲目。

（3）随着音乐轻声哼唱歌曲《我的中国心》。其间，教师可以为学生范唱，通过多种形式的练唱，使学生逐渐熟悉歌曲。

（4）请学生从曲谱中找出相同的旋律片段，并打着拍子反复地唱一唱，加深印象。在演唱中注意唱准音高及旋律，体会其对感情表达的作用。

（5）再次播放歌曲《我的中国心》，并检查学习效果。

提示学生从以下几个方面感受音乐：

① 音乐的速度是什么样的？（快、稍快、很快、极快）

② 歌曲演唱的力度是什么样的？〔很弱（pp）、弱（p）、中弱（mp）、中强（mf）、强（f）、很强（ff）〕你认为歌曲应该用哪种力度表现最合适？

③ 应该用怎样的情感才能恰当地表达歌曲的情绪？

④ 你喜欢这首歌曲吗？为什么？谈谈对整首作品的感受。

（三）探索创新

下面我们分成两组进行表演，看哪组同学表现得好。在老师的指导下，全体学生有感情地演唱歌曲。演唱形式可采用领唱、齐唱。之后，也可由学生独唱或小组唱。可以用各种演唱形式……

（四）互测自结

仔细聆听三个音乐片段，分析一下分别是下面的哪种演唱形式？

（独唱、齐唱、重唱、对唱、合唱）

（五）课外作业

（1）学生收集古代写游子心境的诗。

（2）摘抄歌词中有教育意义的、开启心扉的、给人鼓舞的句子。

（3）写写你自己最喜欢的歌曲，说说它的歌词好在哪里。

《发展跳跃能力的练习》教学案例

（初中体育）

【指导思想】

本次课依据习近平新时代中国特色社会主义思想理论体系进教材、进课堂、进师生头脑的实施方案，秉承"以学生发展为本"的教育理念，坚持"健康第一"的指导思想，结合我校实际，实事求是，积极稳妥地实施课堂教学，注重对学生能力的培养，增强学生体质，发展学生的速度、力量、反应、灵敏、弹跳和协调能力。充分发挥教师主导作用，构建学生在体育课堂中的主体地位，使学生在学习期间形成自己的爱好和专长。培养学生团结友爱，养成坚持锻炼身体的好习惯，提高学生的健康水平，从而更好地完成学习目标任务。

发展跳跃能力的练习是一项传统的田径运动项目，它形式多样，内容丰富多彩，是中学体育教材中一项不可缺少的运动项目，其动作相对复杂，对学生的运动能力要求较高。正处于初二年级的学生来说，挑战欲比较强，所以上本次课时，学生的热情度高涨，这样便于组织，也有利于本次课的顺利开展。

【教材分析】

发展跳跃能力的练习是青少年喜爱的运动项目之一，它形式多样，内容丰富多彩，不同身体素质的学生都可以参加，具有较大的锻炼价值。它可以促进学生生长发育，可以使学生身体素质得到全面发展。发展跳跃能力的练习能够使学生的速度、力量、灵敏度、弹跳力、耐力等素质得到全面发展，为终身体育锻炼奠定良好基础。

【学情分析】

（1）授课对象：初二年级全体学生。

（2）目的：为了能使习近平新时代中国特色社会主义思想理论体系进教材、进课堂、进师生头脑的实施方案落到实处，本着课程设置求"专"、教材建设求"质"、教学改革求"深"、实践锻炼求"实"的基准点，笔者根据学生的实际情况，安排本次课教学内容，让学生能更好地接受本次课的教学。以此提高学生的锻炼水平，增强学生之间的团结协作，培养相互友爱的集体主义精神。

【教学内容】

（1）复习内容：单人跳绳挑战赛。

要求：具体形式根据自己的特长。

（2）尝试内容：花样跳绳（单人、双人、多人）不限形式。

要求：自编，自创，自演。

【教学目标】

（1）认知目标：使学生了解跳绳运动对人体的锻炼价值，并积极参与锻炼，努力掌握快速跳绳技巧并找到绳间最佳节奏，为终身体育锻炼奠定良好基础。

（2）技能目标：发展学生的协调性，增强上下肢肌肉力量，提高跳跃能力。

（3）情感目标：培养学生勇于克服困难、不怕失败、积极进取、顽强拼搏的奋斗精神，为终身体育锻炼奠定良好基础。

【教法、学法、教学重难点】

1. 教法

采用循序渐进的教学方法，集中学习、共同探究的教学形式，结合提问使学生在练习过程中正确掌握动作要领，提高学生个体的技术动作，运用讲解示范法、启示引导法、鼓励表扬法等，尝试在体育课堂中加强师生间的交流与沟通，通过小组自主性学习、合作性学习、探究性学习等形式，鼓励学生根据现有场地器材和自身实际情况，发挥自主能动性，努力通过跳绳来提高身体素质。

2. 学法

让学生成为课堂的主体，通过自主性学习、合作性学习、探究性学习等形式，激励学生获得成功的喜悦。

3. 教学重点

抖腕和下肢跳跃相结合，尝试双人跳绳的不同跳法，协同合作。

4. 教学难点

上下肢协调配合，同学之间协调配合。

【教学过程】

（一）开始部分及准备部分（8分钟）

1. 常规落实部分及安全要求

要求：动作"快""静""齐"及课堂安全。

2. 沿300米塑胶操场蛇形慢跑三圈

要求：步伐整齐，声音洪亮。

3. 徒手操

（1）第一节：伸展运动2×8拍。

（2）第二节：体转运动2×8拍。

（3）第三节：体侧运动4×8拍。

（4）第四节：腹部运动4×8拍。

（5）第五节：跳跃运动4×8拍。

要求：动作优美、大方、协调。

（二）基本部分（32分钟）

1. 课的导入（谁想当本节课的"王者"，举手回答）

要求：熟练运用跳绳进行比赛，原地单（左、右）、双或交替脚跳绳。

练习次数：分两组进行，每组8次，每次1分钟，中间休息1分钟。

目的：发展学生主体性，建立正确的动作概念。

2. 尝试内容

（1）单人花样跳绳（图1）

图1

要求：自己创编动作，跳法新颖独特。

练习次数：分两组进行，每组练习3分钟，中间交流1分钟。

目的：发展学生的创新能力，体会跳绳带来的乐趣。

（2）双人花样跳绳（图2）

要求：自己创编动作，跳法新颖独特。

练习时间：4分钟，可以商讨、研究、合作学习。

目的：发展学生的创新能力，体会跳绳带来的乐趣。

图2

（3）多人花样跳绳（图3）

要求：自由组合，方法和形式灵活多变（变换方向，变化花样）。

练习时间：4分钟。

目的：发散思维，变换方式，灵活多变，丰富体育锻炼方式。

图3

（4）趣味接力游戏（5分钟）

① 行进间双人跳绳比赛往返30米

要求：从起点开始到终点，再从终点到起点，来回往返30米。

练习次数：分两组进行，负的一方罚做俯卧撑5个。

目的：发挥学生的主体性，提高身体机能，培养学生勇于竞争、顽强拼搏、积极进取的精神，增强集体荣誉感。

② "开火车"比赛往返30米（图4）

图4

要求：从起点开到终点，到达终点后，火车尾变火车头再开到起点，中途火车不能脱节。

比赛次数：往返一次。

目的：增强跳跃能力，鼓励学生大胆尝试，发挥自己最大潜能。

（三）结束部分（5分钟）

（1）放松练习：学生呈圆形站立。随着轻音乐跟老师一起做放松操。

（2）本课小结。

本节课通过变换不同形式的教学方式，让学生学会1～2种单人、双人或多人花样跳绳的锻炼方法，使大部分同学都能参与到体育活动中来，从而激发学生上体育课的热情，同时使学生身心得以彻底放松，培养学生团结协作能力，使教学目标得到有效体现。

（四）效果预计

（1）通过教师的引导，学生能认真参与各个内容的练习，达到教学目的，课堂气氛活跃，师生间情感融洽。

（2）预计每一组学生都能学会1～2种双人跳绳的玩法，并能运用于实际锻炼中。

（3）预计通过快速跳绳比赛，体验绳间最佳节奏，能激发学生的学习热情，体验合作带来的快乐。

（4）预计练习密度在40%～50%，平均心率达120～140次/分（图5）。

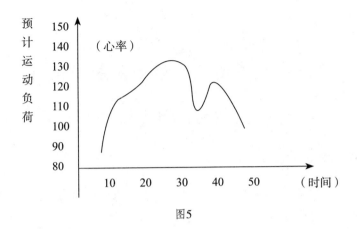

图5

（5）场地器材：学校田径场、短跳绳40根、扩音机一台。

【教学特色】

（1）以学生为本，创设适合初二年级学生的教学情境，提高学生参与体育锻炼的热情。

（2）利用音乐节奏辅助学生进行练习的同时，激发学生运动兴趣，烘托课堂氛围，使学生在欢畅的课堂氛围下进行学习，提升跳跃能力。

（3）利用多种比赛挑战方式组织学生进行学练，在比赛中自主探究，巩固提高。

【教学评价】

教学评价	自我评价			
	学习态度	非常积极 （　　）	积极 （　　）	不积极 （　　）
	学习效果	非常明显 （　　）	明显 （　　）	不明显 （　　）

【教学反思】

（1）能够通过课堂教学使学生养成积极动脑、善于观察、刻苦锻炼的习惯。

（2）通过游戏和比赛，增强学生的团结合作意识和集体主义精神。

（3）能够把习近平新时代中国特色社会主义思想理论体系融入学生成长中。

《传统民居的艺术魅力》教学设计

（初中美术）

【教学目标】

（1）知道传统民居的基本概念和因地制宜、就地取材等特点，了解有代表性的民居布局及其典型特征。

（2）过程与方法：欣赏传统民居，通过查阅和搜集资料的方式在特定的文化情境中了解其特色，运用描述、分析、解释、评价等美术方式分析和研究本课内容。

（3）情感、态度和价值观：通过本课的学习，知道民居之所以美。

【学情分析】

本课属于"欣赏·评述"学习领域。目的在于集中强化，使学生了解保护和传承美术文化的重要意义。

【设计思路】

通过自主学习和小组合作学习的方式探究民居所体现的文化内涵，采用师生互动的方式，通过讨论和分析，概括、归纳和总结所在地区的传统民居特色，进而培养学生关注传统民居的意识。

【创新点与价值】

在学习过程中体现了网络资源的重要地位，多媒体的运用搭建了一个感性的、鲜活的、立体的学习空间，例如课件、影视资料、实物投影等。

【教学重难点】

（1）教学重点：了解传统民居的布局结构和因地制宜、就地取材的特点及其体现的艺术特色。

（2）教学难点：了解民居特有的艺术魅力和蕴含的深厚文化传统。

【教学过程】

（一）情景导入

（1）展示各地传统民居的图片。

（2）我国是一个多民族且地域广阔的国家，不同地域、不同民族具有不同的建筑类型，这样就形成了丰富多彩的民居模式。今天就让我们一起来感受中国传统民居的艺术魅力（板书课题）。

（二）明确民居的概念和特点

课件展示中国典型传统民居的地理分布图。

（三）师生共同了解、欣赏北京四合院和福建土楼

1. 欣赏北京四合院

（1）播放北京四合院的录像片。

（2）教师根据学生发言总结北京四合院的特点及文化内涵。

（3）提问，通过对四合院的分析和了解，如果让你生活在四合院里，你会有什么感受？学生通过讨论，交流回答。

2. 欣赏福建土楼

（1）播放有关福建土楼的旅游纪录片，了解当时居民的生活状态。提问：请按照学习北京四合院时所用的方法，说一说福建土楼中的各组成部分名称及你所了解到的特点。

（2）根据学生的发言总结福建土楼的特点及文化内涵。

（3）引导学生思考、讨论教材中提出的"想一想"问题。

3. 总结学习方法

（四）学生分组欣赏其他民居建筑

（1）通过对北京四合院及福建土楼的范例分析，引导学生以小组为单位分别汇报开平碉楼、石库门、干栏式民居、皖南民居、下沉式窑洞、蒙古包、藏族碉房的民居特色及文化内涵。

（2）关注地域文化（家乡民居特点）。

充分利用好地方文化资源培养学生对本民族本地区传统民居的认同感，进而引导他们认同本土文化，理解多元文化。

第十一节　综合实践专题创新教育教学设计

《贝壳的联想》活动课教学设计

【主题选定】

贝壳对于学生是再熟悉不过的东西了，尤其是那些种类繁多、色彩鲜艳、花纹奇特的海贝，几乎随处可见。海边工艺品商店中也陈列着琳琅满目的贝壳工艺品，并且许多地方还有贝壳博物馆。学生对这些已有的资源虽然非常熟悉，但从未真正地了解它、接触它、创造它。这就为开设这门课程奠定了有利的基础。

在贝壳贴画的课堂上，学生是学习的主体，体现了学生学习的主动性、实践性和创造性，教师应为学生营造一个开放轻松的学习环境，让学生大胆实践、大胆创新。在教学过程中，用直观演示法以视觉的冲击激发学生的学习兴趣，促进学生的自主探究与合作交流，通过教学上的点滴细节使"以学生发展为本"的课程目标真正落实到位。

【学情分析】

课程对象是初中的学生，知识的学习与信息的储备是足够的，但缺少动手实践的机会与能力，《贝壳的联想》一课具有很强的实践性，学生可以在动手操作的过程中发挥潜能，提高想象能力和审美能力，增强创新意识。

【教学目标】

七年级课程内容：《贝壳饰品》。八年级课程内容：《贝壳的联想》。九年级课程内容：《贝壳风铃》。

	七年级	八年级	九年级
认知目标	1. 了解简单的贝壳知识，如贝壳的种类、生长地域以及收藏方法等。 2. 能利用各种贝壳饰品材料的特征，制作作品。 3. 探究贝壳饰品制作基本的程序和方法	1. 将贝壳相关知识应用到贝壳标签的制作中。 2. 能够选择出适合制作贝壳贴画的工具、材料。 3. 学会赏析自己与他人的贝壳贴画作品	1. 熟练使用工具、材料进行贝壳风铃的制作。 2. 探究适用于制作风铃的贝壳材料。 3. 利用不同种类贝壳的外形特点，进行贝壳风铃的设计
技能目标	1. 观察贝壳饰品材料的形状、色彩、质感上的差异。 2. 模仿教师的穿编方法，制作贝壳饰品。 3. 能够准确地操作完成贝壳饰品的制作	1. 能准备好制作贝壳贴画的相关材料与工具。 2. 能够准确地操作用具，进行贝壳贴画的制作。 3. 根据设计方案，熟练地制作出贝壳贴画作品	1. 探索各种贝壳的特征，合理安排风铃中贝壳的位置。 2. 掌握贝壳风铃的设计方案，熟练地制作出贝壳风铃作品。 3. 在活动过程中，对出现的问题会及时做出调整
情意目标	1. 感受贝壳饰品制作过程中带来的乐趣。 2. 能主动参与贝壳饰品的制作活动。 3. 在贝壳饰品制作的过程中，构建和谐的活动氛围	1. 能主动参与到小组合作活动中，积极承担自己在组内的任务，并能努力完成。 2. 欣赏自己与他人的作品，能够发现作品中的精彩之处。 3. 学生在贝壳的采集过程中，形成可持续发展及保护大自然的理念	1. 欣赏自己与他人的贝壳风铃作品，能够发现作品中的精彩之处。 2. 通过对贝壳材料的收集整理，使学生在合作活动中学会将思想与行为进行融合。 3. 体会工艺品制作的艰辛，展现珍惜生活、积极向上的态度

【教学重难点】

（1）教学重点：对各种形态的贝壳进行联想，并用贝壳设计制作出有情境的贝壳贴画作品。

（2）教学难点：拓宽学生思路、启发学生的想象，作品要有创意。

【教学用具】

各种贝壳若干、橡皮泥、彩纸等。

【教师教法】

（1）直观演示法：制作环节中的教师演示会使学生在授课的过程中格外专注，从而也很好地突破了教学的重难点。

（2）赏析提高法：展示大量优秀作品，使学生拓展思路的同时，也可以学习他人的长处，弥补自己的不足。

（3）启发提问法："像什么？"这样的提问贯穿整节课，目的就是帮助学生回忆并想象，既调动了学生学习的积极性，也扩大了他们的创作空间。

（4）多媒体课件演示法：展示多媒体课件，使学生能够在较短的时间内获得较大的信息储备，也有效地解决了课堂中的难点。

【学生学法】

（1）互动式学习法：通过师生互动、生生互动的形式，激发自己主动参与贝壳作品制作的兴趣。

（2）自主探索学习法：在联想比拼的环节中就体现了这一方法。通过自己观察、自主设计、动手操作等实践活动创作出各种姿态的贝壳作品，从而开发学生的内在潜能。

（3）体验式学习法：学生在课程的三个实践环节中亲身体验，得到快乐和发展。

【实施过程】

课题：八年级《贝壳的联想》

教学内容（过程）			
教学环节	教师活动	学生活动	设计意图
导入新授 拓展	（课件） 咱们大连是一座海滨城市，拥有各种各样的海贝，谁来说说你认识的海贝有哪些。它们的贝壳是什么样子的？ 今天，我们就利用这些奇异的贝壳来进行一次联想之旅。 （课件） （一）贝壳小标签 1.通过观察、测量、归纳以及绘画等方式，填出贝壳小标签。 2.针对平面图展开联想。 3.汇报、展示并进行填画。 4.提示学生可将这种标签的制作方法运用到生活中，并可以将其中的项目进行添加或删减。 （二）联想大比拼（小组合作） 1.小组选择一个主题：天上飞的、水里游的、地上跑的。 2.请学生选出几种大小、形状不同的贝壳，利用一小块橡皮泥进行组合。比比哪组的种类最多、最立体、最形象。 3.采用小组循环展示，由组长讲解本组的作品。	通过课件中的图片，学生回忆大连地区常见的贝壳，并对其进行联想。 学生认真观察自己所喜爱的贝壳，并填写标签中相应的内容。 学生针对贝壳的平面图进行想象，并大胆地将所想的内容填画上。 学生根据自己小组的主题试着将几枚贝壳组合成新的形象，并利用橡皮泥将贝壳进行插接。组内成员作品不得重复。 组长将本组作品送到其他各组进行展示讲解。 学生观赏大量的优秀作品，同时逐渐构思出自己的主题画面。	激发学生的学习兴趣，快速引入课题。 这是融入研究性学习的环节，让学生独立去探索、大胆去表现，也是在平面上进行的第一次联想。 可将这种学习方式在生活中实践。 通过比拼的活动激发学生参与创作的兴趣，同时也是学生在立体的空间里进行的第二次联想。 学生不仅能直观地看见各组的作品，更重要的是激发了他们的创作欲望。 把创作的空间完全交给学生，让他们自由地联想。这是学生在自己选择的主题下进行的第三次联想。 这种评价方式实现了学生的自评、互评及教师的点评相结合，体现了评价方式的人文性和客观性，也体现了综合实践课的延展性和实践性的特点。

续 表

教学内容（过程）			
教学环节	教师活动	学生活动	设计意图
导入新授拓展	（三）贝壳贴画 主题：植物、动物、人物或其他。 方法：利用热熔胶枪进行粘贴，可平面，可立体。 利用彩色橡皮泥做背景装饰。 要求：1.主题突出； 2.画面有美感； 3.有创意； 4.注意安全。 先画出草图，再进行操作。 展示讲评作品： 此环节采取学生参观的形式进行展示。 由教师选出提名最多的几位同学谈谈他们的创作思路，最后教师有针对性地在创新意识、制作技巧和作品的美感程度上进行点评。 走进贝壳： 1.什么是贝壳？ 2.大连地区贝壳的种类有哪些？ 3.怎样采集、整理贝壳	根据自己的设计方案，在彩色纸板上进行完整主题的创作。 利用开课填写的贝壳小标签作为"选票"进行投票。将联想丰富、富有创意、制作精美的作品写在票面上。 填写活动检查核表。 学生根据自己感兴趣的方面，课后可以自行收集相关的内容并进行实践	

【教学反思】

1. 发挥学生的想象力是本课的重点

在开课初期，笔者便将发挥学生的想象、培养学生的创造能力定为本课的教学重点，因此，从导课至最后的创作都围绕着这一主题展开。导课时，将贝壳的某一部分切割，让学生展开联想，使他们的思维发散。活动过程中，平面图的添画是学生根据贝壳的轮廓进行想象的第一步；然后在立体组合中让他们的联想大门充分打开，围绕着生活中的所见所想发挥他们惊人的创造潜能。课程最后的贝壳贴画部分则是联想与美的结合，既是联想的升华，也是一次美的熏陶。

2. 利用多种教学方法激发学生的兴趣

本课的教学过程分为三部分，即贝壳标签、联想比拼、贝壳贴画。学生参与活动的形式是多种多样的：

首先，贝壳标签的填写是自主探究学习的体现。学生通过观察、测量及绘制将贝壳的外形、色彩、花纹特征逐一呈现出来，并为自己喜欢的一种贝壳起个符合其特点的昵称，这一形式主要是为了发挥学生的个性设计能力。

其次，联想比拼是学生的独立和合作学习形式的结合。在小组的某个主题下，每名学生努力地创作作品，争取为本组增添内容直至最后取得胜利，这一环节也是学生最感兴趣的环节，他们会相互交流、相互启发、相互欣赏，同时能力较强的学生也会带动一部分能力较弱的学生，与其说是联想的比拼，不如说是他们互助及团结合作的比拼。

最后，学生根据自己小组的主题，试着将几枚贝壳组合成新的形象，并利用橡皮泥将贝壳进行插接。

3. 展示评价的客观性更被学生认同

本节课共有三个环节需要进行展示评价，而且这三个环节的评价形式也各不相同。

平面图联想的展示是小组推荐、组长介绍、教师点评，贝壳插接作品展示的是小组循环展览、组长讲解，贝壳贴画作品展示则是全体学生参观、投票推选、作者本人介绍的形式。这些展示评价的形式是立体的、多角度的且客观的，打破了以往由教师主讲主评的形式，因此更容易被学生接受，也更容易引起他们的共鸣。

4. 需要调整的环节

问题：贝壳的插接联想部分精致作品不多，教师没有技法的讲解和演示，学生有想象但不会制作，橡皮泥的连接还是有缺陷的。

措施：对于精品的制作可以适当增添范作的讲解和演示，工具材料可以改用聚乙烯胶棒、酒精灯。通过各种措施让学生享受成功的快乐体验。

《亲近家乡——家乡的"名片"》教学设计

学校			
学科	综合实践活动	课名	亲近家乡 ——家乡的"名片"
版本	新课标版	章节	主题二
年级	7年级	教师	
教学目标	知识与技能：了解自己家乡的自然环境和人文环境，增强对家乡历史与文化知识的探究动机。 过程与方法：能运用观察、访问、调查资料等方式，了解家乡的故事和家乡的文化生活；记录下自己眼中家乡的美景和自己对家乡的感受，并通过多种方式表达出来。 情感态度价值观：通过活动，开发学生自主观察、自主探索与处理信息的能力，使学生通过亲历的实践活动，学会友好地交流，培养良好的合作意识。同时，拓展思维空间，丰富想象，树立创新意识，培养热爱家乡、热爱祖国的情感		
设计理念	综合实践活动课程旨在激发学生主动学习、综合学习、探究学习、实践学习的兴趣，全面提高学生主动适应社会变化的素质和综合实践能力。学生们时刻在感受着时代带给他们的美好生活，带领同学们亲历主题为"亲近家乡——家乡的'名片'"的综合实践活动，促使学生全面了解自己的家乡，增强自豪感，爱家乡才能爱祖国		
教学重难点	通过了解家乡的风景名胜、文物古迹及家乡名人等，进一步加深对家乡的了解和认识，激发对家乡的热爱之情，并唤起学生对家乡的自豪感		
教学方法	任务驱动、小组讨论交流		
教学手段	PPT课件		
教学环节	教师活动		学生活动
一、激趣导入，情感共鸣	"床前明月光，疑是地上霜。举头望明月，低头思故乡。"李白的这首《静夜思》描写的是诗人思念家乡、热爱家乡的情感。每个人都有家乡，我们的家乡鞍山是一座美丽富饶、历史悠久、物产丰富、安然舒适的城市。为了让同学们更加深刻地了解鞍山，进而宣传鞍山，老师在之前布置了一个综合实践活动《亲近家乡——家乡的"名片"》，寻找鞍		

续 表

教学环节	教师活动	学生活动
一、激趣导入，情感共鸣	山的"符号"。课前同学们利用2周的时间分小组进行调查研究，通过对调查数据的整理与分析，最终每个小组设计出了不同形式的家乡"名片"，今天这节课我们就以小组汇报的形式进行交流。首先，请第一小组汇报展示	学生听课
二、说家乡，迸发情感	教师根据学生的汇报情况进行总结	学生按照小组汇报展示。汇报形式： 1.PPT演讲 2.实物展示 3.手抄报 4.情景表演 5.评书表演
三、爱家乡，升华情感	我们的同学们完成得都非常好，大家通过小组合作探究的方式对课题进行研究，有的小组利用网络探究的方式，有的小组实地考察，有的小组进行访问，等等，最终呈现的形式有PPT、手抄报、情景剧。在探究的过程中，同学们对家乡鞍山有了更深刻的了解，而且提升了同学们发现问题、解决问题的能力。现在老师想听听你们的声音，通过大家的介绍和先期的调查，此时此刻你有什么感受	学生谈感受

《我爱校园》教学设计

【教学背景】

结合学校的"和"文化——和善、和美、和乐，开展文明礼仪教育综合实践课。学校虽然结合各项活动长期对学生进行文明礼仪教育，但学生在文明礼仪方面仍缺失严重，无法长久保持。一些学生在学校里也不懂得尊重他人，不懂得礼让，不讲礼貌，不知道整洁。为切实提高学生的文明礼仪水平，培养学生良好的文明礼仪习惯，提高学生的文明素质，让同学们懂得讲文明礼仪的重要性，并深刻认识到不讲文明礼仪的危害，让身处具有礼仪之邦美称的国家的我们的学生真正进入文明礼仪的世界，我们有必要开展"我爱校园——文明礼仪"这一综合实践活动。

【设计理念】

（1）要面向学生完整的生活领域，引领学生走向现实社会，走进生活。

（2）注重让学生获得亲身参与实践的积极体验和丰富经验，使学生能通过收集信息、观察、调查、整理、交流等一系列的探究与学习，拥有自己的所见所闻、所想所感，真正使学生成为学习的主人，找到学习的乐趣。

（3）让学生在活动中形成对社会的责任感，发展实践能力，发展对知识的综合运用和创新能力，养成合作、分享、积极进取等良好的个性品质。

【教学目标】

1. 知识目标

了解有关礼仪的知识，初步学习掌握小学生应遵守的文明礼仪规范；掌握一般常用的文明礼仪技巧。

2. 能力目标

学习与掌握查阅资料、调查研究等方法的应用，从现实生活中通过调查、观察、交流、询问等方式，培养学生发现问题、探究问题、解决问题的能力。

3. 情感目标

树立做"讲文明，懂礼仪"的新时期好少年的意识，培养良好的文明礼仪行为习惯，在活动中关注生活，培养发现美、欣赏美、传扬美的情感。

【教学策略选择与设计】

本节课主要通过播放校园内部文明礼仪的视频，让学生从中感知到讲文明礼仪的重要性，进而让学生自主讨论、探究本组要研究的子课题。老师适当地进行指导，为了研究方便可以带领学生将其讨论的结果进行归类，指出在研究过程中需要用的研究方法。加强小组合作，充分发挥团队的优势，使每个小组在制订计划的同时能够更好地完成本组的研究任务。

【教学重难点】

（1）教学重点：确定自己要研究的内容（如哪方面的校园礼仪）。

（2）教学难点：主题的研究内容如何细化和如何整理自己调查研究活动的资料。

教学环节	教师活动	学生活动	设计意图
确定子课题	看完视频你们有什么想说的吗？ 大家根据对文明礼仪的初步了解，简单说一说在校园内部有哪些文明礼仪。 这么多的文明礼仪，如果我们一一研究，那工作量太大了，既费时又低效，这样吧，老师和你们一起把它归归类，为了我们更方便地研究	学生针对视频——说说校园内的不文明现象，并说出以后应该怎么去做	营造课堂情境，点出本课要探讨的一个重要问题
成立研究小组，明确分工	每个小组讨论以下三个问题： 1.确定研究的小课题。 2.为什么研究它？ 3.组员内的分工	针对校园内的文明礼仪，学生根据自己的了解，简单进行汇报。 通过汇报对文明礼仪有了更深一步的了解。选择自己喜欢的主题进行研究	让学生了解校园文明礼仪在生活中的重要性和应用，既能帮助学生生动地了解文明礼仪的具体内容，又针对学生所罗列出来的文明礼仪进行具体细分，让学生更有针对性地进行研究。从而激发学生的学习兴趣，营造和维持学生学习过程中积极的心理氛围。同时进一步培养学生的团结合作精神
介绍研究方法和研究计划	围绕本组的小课题，你们具体会怎么研究这些问题呢？ 老师出示学生未涉及研究方法	学生可以上网查阅资料、看图书，或制成幻灯片等，具体研究我们组的小课题。 接着，学生就文明礼仪现有的状况提出了自己很多不同的看法。在同	同学们深刻地认识到不讲文明礼仪的危害，懂得了讲文明礼仪的重要性，明白今后努力的方向。在这次活动中，学生不仅仅对生活中人们文明礼仪的表现有了了

续　表

教学环节	教师活动	学生活动	设计意图
介绍研究方法和研究计划		学们七嘴八舌说开的时候，笔者要求同学们制订出课题组的方案便于下节课继续开展。为了便于同学们有计划地实施他们的活动，笔者给每个课题组都发了一份课题组开题报告表。（活动小结可在活动后填写）	解，更重要的是他们通过自己的实践和尝试，提高了各方面的能力
教师小结	通过这节课，我们首先确定了子课题，每个小组有了自己的研究内容，对组内成员也进行了具体分工，通过小组讨论和老师的指导，也学会了在今后研究过程中可能会用到的研究方法。有了这些前期的工作，我们在下节课具体制订好本组的研究计划，就能有条不紊地进行调查、研究我们校园的文明礼仪了	学生在这次活动中树立了自信，发挥了内在的潜能	总结本课内容涉及的主要知识点，形成知识结构图

【教学评价设计】

（1）同学们深刻地认识到不讲文明礼仪的危害，懂得了讲文明礼仪的重要性，明白今后努力的方向。

（2）活动中学生树立了自信，发挥了内在的潜能。同时也锻炼了自己的社会实践能力，为以后的社会生活打下了坚实的基础。

结束语

　　创新教育的目标为培养学生的创新精神和综合性实践能力，创新教育培养的内容包含创造性的思维、创新意识、创新情感和立体人格等。中学阶段的思想观念、价值观的形成和创新意识的培养对学生今后整体的发展都有重要的意义，这个阶段对学生实施的创新教育是培养学生综合素质和创新能力的关键。中学阶段，学生各方面都处在发展的时期，无论是生理上还是心理上都在不断发展变化，这个时期的思想引导和能力培养效率最高，应该将培养学生的能力和创新精神放在教育的首要位置。这一时期所采用的创新教育的方式，需要结合学生特殊时期发展的特点，将创新教育发挥到实处。

　　教学过程应该是教师和学生共同参加和实践的活动，在这个过程中教师和学生进行双向互动，彼此反馈与作用，共同完成教育过程。不能一味地以教师为核心，要充分发挥学生的主体地位，使教师和学生在教学活动中都能够积极主动地参与。其中教师在教育活动中的主要作用是引导，这体现在教学的全过程中，教师引导学生解决问题。通过这样一个探索、讨论的过程，学生的分析能力会逐步提高。

　　一个人如果充满了对事物的求知欲和创新欲，那么无论是在工作还是生活中，都会保持对知识和事物关系的积极求知的状态，这种力量可以提高学生对新事物的敏感程度，从而激发其学习的欲望。在课堂教学中，想要保证教育效果，就要通过有效的方式激发学生的好奇心。好奇心是人们对新鲜的、不同于寻常事物进行探究的一种心理倾向，可以推动人们主动积极地去观察事物以及事物之间的联系，通过经验和分析，对事物的内部动因展开创造性的分析与联想。它的突出表现是对问题的质疑。想要提高学生在学习过程中的好奇心，首先要鼓励学生对周围事物质疑，包含课本上存在的知识点。学生在对事物质疑的过程中，可以对事物从各个角度进行分析，提高对事物相关知识点掌握的牢固性和全面性。对一个事物有了足够的好奇心之后，就会转为对事物的研究欲望，也就是对事物发展原因的求知欲，这是追求知识的内在动力，也是学生学习知识的主要动力，通过对专业知识的学习可以较好地满足学生的这种动机。学生对一项事物有了足够的动机之后，就会在课堂学习过程中主动发现和提出问题，并在这个过程中坚持不懈地寻找能够解决问题的方式，即便有外界因素的干扰。因为对知识强烈的好奇心，会让学生保持开放的心态排除干扰。

培养学生创新能力的重要保证就是正确的学习方法和良好的学习习惯。在教育的过程中，必须引导学生培养正确的学习方法与良好的学习习惯，让学生掌握观察和记忆的方式，提高学习质量。良好的学习习惯在学生今后的发展过程中起到了重要的作用，学生对待问题的缜密性、思维的严谨性、书写的规范性等良好品质都需要在日常的学习过程中逐步养成。在新课标和新市场经济环境下，教师要投入更多的精力研究如何引导学生掌握正确的学习方法和养成良好的习惯，学习世界上先进的教育理念与经验，结合学生的个体情况，加强示范性教育。

创新的过程是智力激烈活动的过程，同时伴随着强烈的情感活动。古往今来，在历史上有杰出成就和伟大发明的人，他们的人格情操也是十分高尚的。除了创新型的情感之外，个性在创造力的培养和创新活动中也具有十分重要的位置，可以说每个人的个性都存在着差异，正是这种差异造成了创新成就的差异。勇敢、独立性强的性格多属于创新型人格，具有创新型人格特点的人一般也具有一丝不苟、严格缜密的性格特点，可以说，强烈的创新型个性和创新型情感是个人形成和发挥创造力的底蕴，决定着一个人今后的创新思维与活动。所以说，要培养出符合现代市场所需的创新型人才，需要教师在教育工作中加强培养学生的思维缜密、持之以恒的良好品质，开拓知识教授的领域，拓宽学生的知识面。教育的过程是教师和学生相互作用的过程，要想取得良好的教学效果，需要教师和学生的共同努力与创新，创新是当前教育改革的重要内容。

本书通过笔者的从业经验和对相关文献的参考与分析，提出了在中学阶段实施创新教育的相关策略，想要提高课堂教学效果、保证创新型人才的培养，需要在日常的教育活动中建立以学生自主活动为基础的课堂环境，通过各种方式激发学生的求知欲和创新欲，加强培养学生良好的学习习惯和正确的学习方法，注重培养学生的创新习惯和创新个性。创新教育对教育界来说是一项任重道远的任务，在今后的教育工作中，还需要教育工作者不断积累和总结经验，改善和提升创新教育方式，以提高学生的学习积极性，增强课堂学习效果，为社会输送符合经济发展需要的复合型创新人才。